Carl Fr. Wolff

Futur und Conditional II im Altprovenzalischen

Carl Fr. Wolff

Futur und Conditional II im Altprovenzalischen

ISBN/EAN: 9783743482630

Hergestellt in Europa, USA, Kanada, Australien, Japan

Cover: Foto ©ninafisch / pixelio.de

Manufactured and distributed by brebook publishing software
(www.brebook.com)

Carl Fr. Wolff

Futur und Conditional II im Altprovenzalischen

AUSGABEN UND ABHANDLUNGEN

AUS DEM GEBIETE DER

ROMANISCHEN PHILOLOGIE.

VERÖFFENTLICHT VON E. STENGEL.

XXX.

FUTUR UND CONDITIONAL II

IM ALTPROVENZALISCHEN

VON

CARL FR. WOLFF.

MARBURG.

N. G. ELWERT'SCHE VERLAGSBUCHHANDLUNG.

1885.

Herrn

Professor Dr. Edmund Stengel

in dankbarer Verehrung

gewidmet.

Abkürzungen.*)

Agn. = Sancta Agnes. Provenzalisches geistliches Schauspiel, ed. K. Bartsch.

Aig. = Aigar nnd Maurin, ed. Aug. Scheler.

A. P. R. = Anciennes poésies religieuses en langue d'oc etc., ed. P. Meyer.

B. D. = Denkmäler der provenzalischen Litteratur, ed. K. Bartsch.

Bén. = La vie de St. Bénézet. Texte provençal du XIII⁰ siècle, par l'Abbé J.-H. Albanès.

Brev. = Le Breviari d'Amor de Matfre Ermengaud, ed. G. Azaïs.

Crois. = Histoire de la Croisade contre les hérétiques Albigeois etc., ed. M. C. Fauriel.

D. Prad. Vert. = The Romance of Daude de Pradas on the four cardinal virtues, by Austin Stickney.

Daur. = Daurel et Beton, chanson de geste provençale, par P. Meyer.

E. J. = L'évangile selon Saint Jean en vieux provençal, publié par le Dr. J. Wollenberg.

Frbr. = Fierabras, par Immanuel Becker.

G. de Nav. = L'histoire de la guerre de Navarre, ed. Francisque Michel.

Hon. = La vida de Sant Honorat, par Raymond Féraud, ed. A. L. Sardou.

Luch. = Recueil de textes de l'ancien dialecte gascon d'après des documents antérieurs au XIV⁰ siecle, par Achille Luchaire.

M. W. = Mahn's Werke.

Mönch. = Der Mönch von Montaudon. Ein provenzalischer Troubadour, von Emil Philippson.

Prise de Dam. = La Prise de Damiette en 1219, par P. Meyer.

Ross. = Girard de Rossilho.

Serm. lim. = Revue des langues romanes, IIIième Serie, Tome 4 (Sermons limousins et préceptes réligieux), par P. Meyer.

Such. D. = Denkmäler provenzalischer Litteratur und Sprache I, von Suchier.

Trés. = Le Trésor de Pierre de Corbiac en vers provençaux, publié en entier etc., par Dr. Sachs.

---

*) **Anmerkung.** Die angeführte Zahl hinter den Lyrikern bedeutet die Nummer des Gedichtes nach K. Bartsch: »Grundriss zur Geschichte der provenzalischen Litteratur«, Elberfeld 1872.

Die vor zwanzig Jahren über das Futur und Conditional II im Altprovenzalischen gelieferte Specialuntersuchung *):
»Quaestiones provinciales« von Ludw. Bertrand, Bonn 1864, kann nicht als eine den Gegenstand erschöpfende bezeichnet werden. Aus diesem Grunde halte ich es für zweckentsprechend, dasselbe Thema einer erneuten genauen Untersuchung zu unterziehen.

In der Anordnung der Verben folge ich der Dissertation von Aug. Fischer: »Der Infinitiv im Provenzalischen nach den Reimen der Trobadors«, Marburg 1882. Im ersten Teile meiner Abhandlung werde ich die Personalendungen des Futurs und Conditionals II festzustellen und, so weit dies möglich, aus den Reimen der Trobadors zu beweisen suchen, welche der für dieselbe Person neben einander vorkommenden Schreibweisen als berechtigte, welche als fehlerhafte zu bezeichnen sind.

Eine Betrachtung des getrennten Futurs und Conditionals II wird den zweiten Teil bilden.

Der dritte und letzte Teil umfasst dann die Syncope des Ableitungs- und Bindevokals und in einer Unterabteilung die Verben *partir* und *mentir*, deren Klassificierung besondere Schwierigkeiten zeigt.

Als Material habe ich neben mehreren Prosawerken die Reimreihen der gesamten bisher veröffentlichten provenzalischen

---

*) Vergl. auch »Memoires de la Curne de Sainte-Palaye. Extraits du Rec. de l'Acad. des Inscript. et B.-Lettres. Tomes X et XXIV«, wiederabgedruckt p. 671 ff. des 10. Bandes der Ausgabe seines Dictionnaire. Ferner Fr. W. Reimnitz: »Über die Geschichte der Sprache und über die Bildung der Futura und Conditionalia in den romanischen Sprachen«. Potsdam 1835. Endlich natürlich Diez: »Rom. Grm. II«. — Für einen Teil meiner Arbeit lieferte mir Paul Meyer's Artikel »Les troisièmes personnes du pluriel en Provençal«, Rom. IX S. 192 ff., wertvolle Beiträge.

Litteratur und vieler Handschriften benutzt, welche letztere mir durch die Güte meines hochverehrten Lehrers, des Herrn Professor St.engel, freundlichst zur Verfügung gestellt wurden.

Hiermit komme ich der angenehmen Pflicht nach, ihm für diese Unterstützung und für die vielen guten Ratschläge, welche er mir stets in zuvorkommendster Weise erteilt hat, meinen tiefgefühltesten Dank auszusprechen.

I. TEIL.

1] Bei Feststellung der Personalendungen aus den Reimen der Trobadors schicke ich jedes Mal sämtliche Reimreihen voraus, in denen Futur und Conditional II mit anderen Wörtern gebunden vorkommt, da nur diese beweisendes Material für vorliegende Untersuchung liefern. Anmerkungsweise zähle ich der Vollständigkeit wegen auch die Reimreihen auf, in denen sich kein Futur resp. Conditional II findet, oder wo diese nur mit einander gebunden sind.

2] Es finden sich nun folgende Endungen für:

Futur. Sing.: 1) ai (ay, ei, ey, iei, e). 2) as. 3) a. — Plur.: 4) em (am, om, o, um). 5) ets (es, et, ez). 6) an (ant, au, aun, en, ent, on, ont, unt). — Conditional II Sing.: 7) ia (ie). 8) ias (ies). 9) ia (ie). — Plur.: 10) iam (iem). 11) iats (ias). 12) ian (ien, io, ion, iun).

3]   1) ai*).

Bei: Aim. de Bel. 14. A. de Peg. 10. A. de Sarl. 1. Arn. d'Entrev. 12. A. de Mar. 2. 11. 22. A. Plag. 1. Azal. de Porc. 1. Bern. A. de Mon. 1.

---

*) Ausserdem begegnen folgende ai-Reihen ohne Futur:

Aim. de Bel. 4. A. de Peg. 25. 44. Alb. de Sest. 11. Alm. de Cast. 1. Arn. Cat. 4. Aug. Nov. 3. Bereng. de Pal. 3. 8. B. de V. 10. 16. 18. 25. 28. 37. Bertr. & Gausb. 3. B. d'Alam. 12. B. Corb. 64. Bonif. Calvo 13. Caden. 3. 17. Daud. Prad. 9. El. de Barj. 13. El. Cair. 1. 3. Folc. 1. F. Rom. 9. Gauc. Faid. 18. 51. Graf v. Rod. 1. Gui d'Uis. 7. Guill. Anel. 1. 4. 5. G. Paire de Cas. 11. G. de la Tor 9. Guir. de Born. 3. 26.

B. Marti 4. B. de Prad. 3. B. de Tot-lo-Mon 2. B. de V. 10. 17. 18.
33. 36. 37. 43. Bertran 2. B. d'Alam. 23. B. de Gordo 1. Blac. 1. 6.
Bonif. Calv. 11. Caden. 20. 21. El. de Barj. 9. 11. 12. El. Cair. 10.
El. Fons. 1. Folq. de Mars. 18. Gauc. Estac. 1. G. Faid. 2. 3. 11. 44.
Gausb. d'Am. 1. Gui d'Uis. 17. Guill. 5. G. Adem. 4. 5. G. Aug. 5.
G. de Berg. § 29,7. G. Fig. 6. G. Peire de Cas. 11. G. de S. Leid. 6.
G. de la Tor. 1. 2. 7. Guir. de Born. 2. 18. 19. 29. 34. 39. 48. 61. 63.
65. 68. 73. 78. 81. G. lo Ros. 1. G. d'Esp. 4. 9. 14. G. Riq. 1. 5. 51.
59. 68. 82. G. de Sal. 5. Jauf. Rud. 2. J. d'Alb. 1. Lamb. de Bon. 1.
Lanfr. Cig. 3. 25. Lun. Mont. 1. Mrcbr. 25. 29. 31. 32. Oste 1. P. de
Mars. 2. Peire d'Alv. 23. P. Brem. 1. P. Guill. 2. P. Milo 9. P. Raim.
de Tol. 13. P. Rog. 6. 7. 9. P. Vid. 22. 23. 38. Peirol 2. 5. 6. 8. 9. 10.
14. 15. 22. 26. Perdigo 15. Ponz de Capd. 18 P. de la Garda 3.
Raimb. d'Aur. 8. 19. 37. R. de Vaq. 7. 29. Raim. Guill. 1. R. Jord. 1. 3.
4. 7. R. Mirav. 41. Rich. de Berb. 8. R. de Tarasc. 1. 2. Ric. Bon. 1.
Serv. 2. Sordel 23. 31. Tom. Empal. 1. Uc. 1. Uc de Matapl. 2.
S. Circ. 17. 21. 41. Anon. 2. 5. 7. 17. 42 52. 53. 79. 92. 104. 166. 196. 198.
Ballades B. Ch.² 241. Lais Mark. 45. Les dern. troub. XIX. p. 116.
Crois. 63. Ross. 58. 261. 538. Agn. 780. 784.

Und zwar findet die Bindung statt mit:

-abeo (ai). Aim. de Bel. 14. Arn.
de Mar. 2. Bern. Marti 4. B. de V. 10.
Blac. 6. El. Cair. 10. Folq. de Mars. 18.
Gui d'Uis. 17. Guill. Adem. 5. Guir.
de Born. 2. G. d'Esp. 4. G. Riq. 1
etc.

-ac (lui). Aim. de Sarl. 1. Aznl. de
Porc. 1. B. de V. 10. Caden. 21.
Gauc. Faid. 2. Guill. 5. G. Aug. 5.
Jauf. Rud. 2. Lanfr. Cig. 25. Peire
d'Alv. 23. P. Vid. 38. Raimb. d'Aur.
37 etc. — (aai). Aim. de Peg. 10.
Arn. de Mar. 22. B. de V. 36.

Bertr. d'Alam. 23. Gausb. d'Am. 1.
Gui d'Uis. 17. Guill. Adem. 4. G. de
S. Leid. 6. Guir. de Born. 18.
Mrcbr. 31. P. Vid. 38. Perdigo 15
etc.

-acet (jai). B. de V. 36. 37. Guill.
Adem. 4. Mrcbr. 25. 31. 32. Peire
Vid. 22. Lais Mark. 45. Crois. 63.
— (plai). Aim. de Peg. 10. Arn.
de Mar. 2. B. Marti 4. Bertran. 2.
B. d'Alam. 23. El. de Barj. 11.
Cl. Cair. 10. El. Fons. 1. G. d'Esp. 8.
Paul de Mars. 2. Peire Brem. 1.

G. de Cal. 1. 5. G. Riq. 26. 43. 64. J. Est. 7. Lanfr. Cig. 22. Mrcbr.
16. 20. 43. Mont. 1. Peire d'Alv. 16. P. Card. 9. 10. 36. 42. 46. 50. 52.
P. Raim. de Tol. 1. 13. 20. Peirol 5. 6. 7. 17. Perdigo 15. Ponz de la
Garda 6. Raimb. d'Aur. 6. 17. R. de Vaq. 32. R. Hist. de Russ. 1.
R. Casteln. 3. R. Jord. 7. 9. R. de Mirav. 33. Ralm. 2. Rost. de Merg. 1.
Serv. 14. Sordel 3. Uc. Cat. 1. S. Circ. 7. 21. 28. 40. Anon. 3. 27. 55.
81. 98. 99. 100. 113. 138. 152. 154. 213. 251. Agn. 110. 368. 638. 896.
Crois. 71. Ross. 4. 494. 641. Hon. 21,37.

und folgende ai-Reihen, in denen sich nur Fut. mit Fut. gebunden
findet, bei:

Arn. Cat. 2. Gauc. Faid. 63. Peire Raim. de Tol. 13. Raimb. de
Vaq. 16. Serv. 2. Anon. 2. 92. Agn. 26. 31. 83. 176. 335. 428. 444.
468. 514. 516. 611. 749. 771. 926. 1282. 1296. 1299. 1324. 1325. 1339.
1363. 1442. Hon. 18,31.

5

Perol 8 etc. — (tai). Guill. Adem. 4.
Peire d'Alv. 23.
-*aci (savai). B. de V. 37. B. de
Gordo 1. Guir. de Born. 2. 65. G. de
Sal. 5. Mrcbr. 31. — (verai). Gui
d'Uis. 17. Guir. de Born. 19.
-*acidet (esglai). Bern. Arn. de
Mon. 1.
-*acidi (esglai). Guill. de la Tor 7.
-*acido (esglai). Arn. de Mar. 11.
Raimb. d'Aur. 8. S. Circ. 1.
-*acidum (esglai). Aim. de Bel. 14.
A. de Sarl. 1. Bern. Arn. de Mon. 1.
B. Marti 4. B. de V. 10. Folq. de
Mars. 18. Gauc. Faid. 11. Guir. de
Born. 2. 39. Peire d'Alv. 23. P.Vid.23.
S. Circ. 1 etc,
-acit (fai). Aim. de Peg. 10. A. de
Sarl. 1. Arn. de Mar. 22. A. Plag. 1.
Bern. Marti 4. B. d. V. 17. Blac. 1.
Caden. 21. Guill. Adem. 4. Peire
Rog. 6. Ponz de Capd. 18. Raimb.
de Vaq. 7 etc.
-*aciti (plai). S. Circ. 1.
-acitum (plai). Aim. de Peg. 10.
Bern. Arn. de Mon. 1. B. de Tot-
lo-Mon. 2. B. de V. 10. Bertr. de
Gordo 1. Gauc. Faid. 3. Guill. 5.
G. de S. Leid. 6. Guir. d'Esp. 4.
Raimb. d'Aur. 8. R. de Vaq. 29.
Raim. Jord. 1 etc.
-aco (pai). B. de V. 18. Blac. 6.
Gauc. Faid. 11.
-*acum (afrai). Guir de Born. 19.
34. 78. — (balui). (Subst ?) Mrcbr. 20.
— (lechai). Jauf. Rud. 2. — (pai).
Mrcbr.31. — (pantai). Peire d'Alv.23.
— (putvai). Crois. 71. — (savai). B.
de V. 18. El Cair. 10. Gauc. Faid. 2.
Guir. de Born. 99. 78. G. Riq. 59.
Mrcbr. 32. Peire Vid. 22. Peirol 8.
S. Circ. 7. Lais Mark. 45. — (verai).
Aim. de Bel. 14. Arn. de Mar. 2.

Bern. A. de Mon. 1. B. de Prad. 3.
B. de V. 10. Blac. 6. El Cair. 10.
Guill. de la Tor. 1. Guir. d'Esp. 14.
G. Riq. 1. Paul de Mars. 2. Peire
Brem. 1 etc. — Orts- und Eigen-
namen: (Balai). Guir. de Born. 65.—
(Bertalai). Guir. de Born. 34. Lais
Mark. 45. Ross. 538. — (Cortenai).
Crois.63.71. — (Clavai). Peire Vid. 38.
— (Gervai). Ross. 538. — (Monjai).
Peire Vid. 38. — (Velai). Guir. de
Born.63.— (Verzelai). Raimb.d'Aur.37.
-ade (vai). B. de V. 10. Guir. de
Born. 2. Peire Rog. 6. P. Vid. 23.
Peirol 2. 15. 22. Anon. 42. Ross. 58.
-adii (rai). Aim. de Peg. 10. Rich.
de Berb. 8.
-adit (eschai). Azal. de Porc. 1.
Bonif. Calv. 14. El. de Barj. 11.
Folq. de Mars. 18. Gui d'Uis. 17.
Guir.de Born. 2. Joan d'Alb. 1. Lanfr.
Cig. 3. Mrcbr. 29. Peirol 2. Ric.
de Tarasc. 1. Anon. 198 etc. —
(vai). Aim. de Sarl. 1. Azal.de Porc.1.
Bern. Marti 4. Bertr. d'Alam. 23.
Gauc. Faid. 18. Gausb. d'Am. 1.
Guill. de la Tor. 1. Jauf. Rud. 2.
Joan d'Alb. 1. Peire d'Alv. 23. P.
Guill. 2. Raimb. d'Aur. 8 etc.
-adium (bai). Aim. de Peg. 10.
Blac. 1. Mrcbr. 31. Peire d'Alv. 23.
Crois. 23. — (glai). Bern. Arn. de
Mon. 1. Anon. 166. — (rai). B. de
V. 43. Guir. Riq. 59. Ross. 58.
-*aget (esmai). Guir. de Born. 29.
-*agiem (essai). Raimb. de Vaq. 7.
-*agiet (essai). Aim. de Sarl. 1.
Peire Rog. 7.
-*agii (assai). Azal. de Porc. 1.
S. Circ. 1.
-*agio (assai). B. de V. 36. Guill.
de la Tor. 1.
-agis (mai). Arn. Plag. 1. Bern.

A. de Mon. 1. Bertr. de Gordo 1.
El. Fons. 1. Gausb. d'Am. 1. Guill. 5.
Guir lo Ros. 1. G. d'Esp. 14. G. Sal. 5.
Peirol 10. Raimb. de Vaq. 29. Sordel 31 etc.
-*agit (brai). B. de V. 96. Raimb.
d'Aur. 8. 37. — (frui). B de V. 10.
Mrcbr. 31. Peire d'Alv. 23. P. Milo 9.
-agium (assai). Azal. de Porc. 1.
Bern. Marti 4. B. de V. 10. Folq.
de Mars. 18. Gui d'Uis. 17. Guill.
Adem. 5. Guir. de Born. 34. Peire
d'Alv. 23. P. Vid. 23. Pons. de
Capd. 18. S. Circ. 7. Ross. 58 etc.
-*agum (esmai). Aim. de Peg. 10.
B. de V. 17. El. de Barj. 12. Gauc.
Estac. 1. Guill. Aug. 5. G. de S.
Leid. 6. Guir. Riq. 68. Lamb. de
Bon. 1. Lanfr. Cig. 25. Paul. de
Mars. 2. Raim. Mirav. 41. Uc de
Matapl. 2 etc.
-ahe (retrai). Guir. de Born. 81.
-*ahli (gai). Bertr. de Gordo 1.
Guir. Riq. 59. Anon. 166.
-ahit (trai). Bern. A. de Mon. 1.
Blac. 6. El. Cair. 10. Gauc. Faid. 44.
Guill. de la Tor. 1. Guir. de Sal. 5.
Joan d'Alb. 1. Lanfr. Cig. 25. Peire
d'Alv. 23. Raim. Mirav. 41. Ric.
de Tarasc. 1. Uc 1 etc.
-*ahium (gai). Aim. de Sarl. 1.
Arn. de Mar. 22. B. de V. 10. Gauc.
Faid. 3. Guill. 5. G. de S. Leid. 6.
Guir. de Born. 2. G. Riq. 59. Mrcbr. 31.
Peire d'Alv. 23. P. Vid. 22. Sordel
31 etc.
-aho (trai). El. Fons. 1. Guill.

de S. Leid. 6. Guir. de Born. 68.
G. lo Ros. 1. G. d'Esp. 4. Lamb.
de Bon. 1. Peire Milo 9. P. Rog. 6.
Raimb. de Bon. 1. Rich. de Berb. 8.
Ric. de Tarasc. 1. Anon. 17 etc.
-ajum (mai). Arn. d'Entrev. 12.
Bern. A. de Mon. 1. Guir. de Born.
19. 68. Isn. d'Entrev. 12. Jauf. Rud. 2.
Peire Vid. 22. Raimb. de Vaq. 7.
Anon. 166. Ross. 68. 261.
-aplo (sai). Arn. Plag. 1. Bertr.
de Gordo 1. Bonif. Calv. 14. El. de
Barj. 11. Gauc. Estac. 1. Guill. 5.
Guir. de Sal. 5. Lamb. de Bon. 1.
Mrcbr. 25. Oste 1. Pons de la Garda 3.
Raimb. de Bon. 1 etc.
-asiet (bai). B. de V. 7. Bertr.
de Gordo 1. Mrcbr. 32 (?).
-asio (bai). B. de V. 36.
-*asium (bai). Guir. d'Esp. 4. Peire
Rog. 7. Anon. 166.
-at (stai). Arn. de Mar. 2. Bertr.
d'Alam. 23. El. de Barj. 11. Folq.
de Mars. 18. Gauc. Faid. 2. Gausb.
d'Am. 1. Guill. 5. Oste 1. Peire
d'Alv. 23. P. Vid. 38. Pons de Capd. 18.
P. de la Garda 3 etc.
-atium (palai). Anon. 166.
-*atum (delai). Guir. de Born. 78.
Uc de Matapl. 2.
-audium (jai). Aim. de Sarl. 1.
B. de V. 37. Guill. Adem. 5. G. Aug. 5.
Guir. de Born. 19. Lanfr. Cig. 25.
Peire Rog. 7. Raimb. d'Aur. 19.
Raim. Jord. 1. Ric. de Tarasc. 1.
Uc 1. S. Circ. 7 etc.
(ai, Ausruf). Bertr. d'Alam. 23.

5] ay ist blosse Schreibweise, wie dies die Reimreihen beweisen: es ist nämlich stets nur mit solchen Wörtern gebunden, welche berechtigtes ai zeigen. Manche HSS. bevorzugen die eine oder andere Schreibweise; so zeichnet sich z. B. Hs. C durch *ai* aus; Crois. und Ross. schwanken zwichen *ai* und *ei*, wogegen einige Prosadenkmäler, so E. J., *ay* bevorzugen.

6] *ei.* Bei Gui de Cav. 3, Peire Brem. 10, P. Card. 50, Ross. 138 ist allerdings Fut. mit Praeter. gebunden, die Untersuchungen von K. Müller und K. Meyer*) ergaben jedoch, dass dies *ei* (= lat. *abeo*) in den angeführten Belegen nur mit Praeter. auf *èi* (= lat. *avi*), z. B. *amei*, P. Card. 50, *comprei*, Gui de Cav. 3, *dei*, P. Brem. 10, *demandei*, das., *encontrei*, Gui de Cav. 3, *nasquei*, P. Brem. 18, *pacei*, Gui de Cav. 3, *parlei*, P. Brem. 10, *perdei*, Gui de Cav. 3, und zweimal (Gui de Cav. 3, P. Brem. 10) mit dem Pron. *lei* reimt. So liegt in diesem Falle *èi* vor, ein Diphthong, der nur wenig von dem durch *ai* ausgedrückten verschieden gewesen sein kann. Es könnte daher auch eine ungenaue Reimbindung von *èi* und *ai* angenommen werden**).

ey bei Jord. de Cof. 1 ist modificierte Schreibweise von *ei* und ebenso zu erklären.

7] *iei* findet sich vereinzelt und ausser Reim: Canzo (Such. D. p. 322), Daur. 1437. 1506, Ross. Mich. p. 118. 158.

Ebenso *iey*: im Daur. 960.

8] Endlich begegnet noch *e*: G. de Nav. 742. 2278. 4271.

Hierzu vergleiche ferner Ross. O. Hentschke p. 54.

9]   2. *as****).

Bei: Bern. de Venz. 1.   B. de B. 18.   Folq. Rom. 10.   Gar. lo Brun. 1. Guill. Godi 1.   Guir. de Born. 10. 26. 79.   G. Riq. 55.   Mrcbr. 25.   Mönch 11. 15.   Peire d'Alv. 10.   P. Card. 27.   Anon. 123.   Ross. 101. 399. 466. 659. 674.

---

*) Konrad Müller: »Die Assonanzen im Girart von Rossillon«, p. 31—42. — Karl Meyer: »Die provenzalische Gestaltung der mit dem Perfectstamm gebildeten Tempora des Lateinischen«, p. 25.

**) Chabaneau (Rev. d. l. rom. 1882 II. 240) giebt bei den Fut. *enviarei* und *mandarei* aus dem Roman de Merlin 107,24 und 111,12 an: »on est autorisé à les metre sur le compte du scribe, or ces formes sont gasconnes«.

***) Ausserdem begegnen folgende *as*-Reihen ohne Fut.: Bereng. de Peiz. 1.   Bern. de Prad. 1.   B. de Rod. 1.   B. de B. 33. El. de Barj. 2.   Fortun. 1.   Gar. d'Apch. 2.   Gavauda 10.   Guir. de Born. 32. Gorm. de Monj. 1.   Guill. de Berg. § 29,7.   G. Fig. 2.   G. del Oliv. 2.

10| Die Bindung findet statt mit:

-abos (as). Bern. de Venz. 1. Gar.
lo Brun. 1. Guir. de Born. 79. G. Riq. 55.
Mrcbr. 25. Mönch. 11. Ross. 101.
466. 659.
-°abus (gus). B d. B. 18. Ross. 674.
-accus (nach). Ross. 659.
-acem (pax). Gar. lo Brun. 1. Guill.
Godi 1. Guir. de Born. 10.79. G. Riq.55.
Anon. 123. Ross. 101. 466.
-acet (plas). Guir. de Born. 79.
-°achlus (brus). Guir. Riq. 55. Ross.
399.
-aciem (glus). Bern. de Venz. 1.
Guill. Godi 1.
-acis (fus). Folq. Rom. 10. Gar.
lo Brun. 1. Guir. de Born. 79. G.
Riq. 55.
-adis (vas). Bern. de Venz. 1. Folq.
Rom. 10. Guir. de Born. 26. 79.
Mrcbr. 25. Mönch 11. Ross. 399. 659.
-ablis (utrus). Guill. Godi 1. Mönch 11.
-amas (umas). Born. de Venz. 1.
-ans (trus). Guir. de Born. 79.
G. Riq. 55. Ross. 399. 466. 674.
-ansit (romas). Guill. Godi 1.
Anon. 123. Ross. 466. 659. 674.
-ansum (mus). Ross. 466. 674.
-anus (grus). Guir. de Born. 10.–
(mus). Guir. de Born. 10. Anon. 123.
-appus (draps). Ross. 659. 674.
-aptlus (chas). Ross. 399.
-°arpsum (escas). Born. de Venz. 1.
Gar. lo Brun. 1. Guill. Godi 1.

-as (vas). Bern. de Venz. 1. Gar.
lo Brun. 1. Guir de Born. 26. G.
Riq. 55.
-asit (abras) Bern. de Venz. 1.
B. de B. 15. Ross. 101. 399. 659.
— (ras). Ross. 399. 466.
-asus (nas). Gar lo Brun. 1. Guill.
Godi 1. — (ras). Bern. de Venz. 1.
B. de B. 18. Guill. Godi 1.
-assis (clas). Ross. 466. 674.
-assum (bas). B. de B. 18. Gar.
lo Brun. 1. Guill. Godi 1. Guir. de
Born. 26. 79. G. Riq. 55. Mönch 11.
Peire d'Alv. 10. Anon. 123. Ross. 659.
— (cas). Ross. 101. — (gras). Bern.
de Venz. 1. B. de B. 18. Guir. de
Born. 79. Ross. 101. 466. — (pas).
B. de B. 18. Folq. Rom. 10. Mrcbr. 25.
Peire d'Alv. 10. Anon. 123. Ross.
101. 399. 659. 674. — Eigennamen:
(Caifas). Guill. Godi 1. — (Catalus).
Guir. de Born. 79. — (Julias). Guir. de
Born. 79. -- (Judas). Guill. Godi 1.
Ross. 466. — (Tomas). B. de B. 18.
Ross. 101. 399. 466.
-°atium (prutz). Ross. 399.
-atus (las). Gar. lo Brun. 1.
-axum (las). Bern. de Venz. 1.
B. de B. 18. Folq. Rom. 10. Guill.
Godi 1. Guir. de Born. 26.79. Mönch 11.
Ross. 399. 466. 659.

Mrcbr. 22. 35. 43. Peire d'Alv. 16. 21. P. Card. 10. 27. 46. P. Vid. 26. 41.
Ponz de la Garda 3. ·Raim. d'Aur 1. R. de Mirav. 23. Serv. 14. Anon.
123. 266. Agn. 105. 255. 591. 1277. 1291. 1345. Crois. 99. Frbr. 202,35.
203,4. 36. 204,17. 206,37. Ross. 189. 327. 356.
und folgende as-Reihen, wo Fut. mit Fut. gebunden ist:
Agn. 403. 598. Frbr. 206,11. 206,31.

11] **3. *a**).**

Bei: Bertr. Carb. 33. Guill. IX. 2. Guill. 5. G. de Berg. § 29,7. Guir.
de Born. 16. 31. 39. 76. G. Riq. 57. Jauf. Rud. 3. Mrcbr. 7. Peire
Card. 11. 32. 42. 53. P. Vid. 3. Pistol. 4. 5. Raimb. de Vaq. 7. Ref.
de Forc. 1. Serv. 15. Agn. 230. 277. Crois. I. 29. Frbr. 4349—4383.
4835—4867. Hon. 33,17.

12] *a* ist gebunden mit:

-**abet** (n). Bertr. Carb. 33. Guill.
IX. 2. Guill. 5. Guir. de Born. 16.
G. Riq. 57. Jauf. Rud. 3. Peire
Card. 42. Pistol. 4. Ref. de Forc. 1.
Serv. 15. Anon. 195. Agn. 29 etc.
-**ac** (la). Jauf. Rud. 3. Serv. 15.
Crois. 130. — (sa). Jauf. Rud. 3.
Pistol. 5. Serv. 15. Crois. 29. 130.
-**acet** (pla). Ref. de Forc. 1.
-**acit** (fa). Bertr. Carb. 33. Guill. 5.
G. de Berg. § 29,7. Jauf. Rud. 3.
Mrcbr. 7. Pistol. 4. Ref. de Forc. 1.
Serv. 15. Agn. 677. Crois. 130.
-**adet** (esca). Guir. de Born. 16.
Jauf. Rud. 3. Frbr. 4835.
-**adit** (va). Jauf. Rud. 3. Peire
Card. 42. Serv. 15.
-**ahit** (tra). Bertr. de Carb. 33.
Guir. de Born. 16. Jauf. Rud. 3.
Serv. 15.
-**am** (ja). Jauf. Rud. 3. Peire
Card. 53. Anon. 195. Crois. I. 29.
-**ane** (dema). Guill. IX. 2. Pistol. 5.
— (pla). Guill. de Berg. § 29,7.
Guir. de Born. 16. Marcbr 7. Peire
Card. 11. Serv. 15. Agn. 821. 1231.

-**anem** (pa). Guill. IX. 2. Serv. 15.
-**anes** (ca). Peire Card. 53. — (pa).
Peire Card. 53.
-**anet** (rema). Bertr. Carb. 33.
Guir. de Born. 16. Mrcbr. 7. Peire
Card 53. Ref. de Forc. 1. Serv. 15.
-**ani** (Casla, Eigennume). Mrcbr. 7.
— (huma). Peire Card. 53.
-**anito** (va). Guill. IX. 2. Guir. de
Born. 16.
-**anum** (enva). Guir. de Born. 16.
-- (ma) Guill. IX. 2. Guir. de
Born. 16. Mrcbr. 7. Peire Card. 53.
— (vila). Bertr. Carb. 33. Peire
Carb. 53. Pistol. 5. Serv. 15.
— Orts- und Eigennamen: (Busa).
Mrcbr. 7. (Bergueda). Guill. de Berg.
§ 29,7. (Castella). Peire Card. 53.
(Gavauda). das. (Tolza). Jauf. Rud. 3.
(Trebellia). Peire Card. 53.
-**at(-at°)** (sta). Guill. 5. Jauf. Rud. 3.
Agn. 677. Frbr. 4370. — (acaba, ama,
apela, monta, parla, torna). Crois. I. 29.
— (dona). Crois. 130. — (aferma, ase-
gura, fiza, intra, lausa, plura, reco-
mensa etc.). Frbr. 4349 ff.

---

*) *a*-Reihen ohne Fut.:

Arn. Dan. 2. Bern. de Prad. 1. Bertr. Carb. 85. Bonif. Calv. 17.
Guill. IX. 7. Mrcbr. 2. 24. Mönch 14. Peire d'Alv. 20. Taurel 1.
S. Circ. 27. Anon. 195. Agn. 200. 257. 481. 677. 1231. Boetius (B. Ch°. 4).
Epître Farc. de St. Est. 1. Guir. Cabr. 1. Lais non par. 102 ff. Ross.
346. 580. 590.

a-Reihen: Fut. ist gebunden mit Fut.:

Anon. 238. Agn. 165. 419. 434. 465. 1193. 1239. Hon. 24,6. 39,13.

13]   4. *ém*)*.

Bei: Lun. Mont. 1. Agn. 666. 858. Pastorella (Joyas 89—92). Ross. 129.**)

    ém ist gebunden mit:

-*ēmus* (-*émus) (ardem, fazem, crezem, laishem, mirem, prendem, promezem, sabem, valem). Lun. de Mont. 1. — (escontem). Agn. 666.— (agardem). das. 858. — (cantem, lau-

zem, pregem). Pastorella (Joyas 89 —92). — {facem, estrem (?), vengem). Ross. 129. — (rem (?)). das. -*emum* (Arsem (Fluss?)). Ross. 129.

14) Die gascognischen Texte (Luch.) zeigen durchweg *am* für *em*, z. B. *faram*, Auch. 1259. Bay. 1272²; *laisaram*, Auch. 1259; *portaram*, das.; *preneram*, Tarbes 1285; *seram*, Bagn. de Big. 1260; *tieram*, das.; *tocaram*, Tarbes 1285. Ähnlich findet sich im Daur., welcher uns nach Chabaneau (Rev. d. l. rom. 1881, II. 248) in gascognischer Mundart überliefert ist: *pagaram* 775, *trobaram* 1295, und in anderen Denkmälern: *auram*, Aig. 301; *deuram*, Brev. 16206.

15] Im Lud. St. Jac. (B. Ch.³ 406 ff., cf. Jahrb. f. r. L. III. 106) findet sich die Schreibweise *en* für *em*: *anaren* 412, 13. 16; *faren* 412,18; *jugaren* 406,26; *partiren* 412,17 etc.

16] Ferner *om, o* (franz. Endung), im Frbr. *murom* 3324, *aquitarom* 4036, im Ross. O., worüber cf. Hentschke p. 32 ff. und im Daur. ed. von P. Meyer, welcher p. XLIX darin »une licence expliquée par l'habitude que l'auteur avait des chansons de gestes françaises« erblickt. Chabaneau (Rev. d. l. rom. 1881. II. 259) sagt dagegen: »mais cet *om* peut très-bien être le pronom indéfini, sauf en un seul cas, v. 26, pour lequel il y aurait à chercher une correction. Cette finale *om (on)* se trouve aussi dans Blandin de Cornuailles, et toujours, comme ici, dans des futurs«.

---

    *) *ém*-Reihen ohne Fut.:

    Arn. Dan. 8. Peire d'Alv. 16. P. de Prinh. 1345. Agn. 260. 282. 328. 337. 735. Enimie 1265.

    ém-Reihen: Fut. gebunden mit. Fut.:

    Mönch 14. Planh. d'Est. 1. Agn. 125. 152. 728. 842. 853. 1429. Enimie 1543.

    **) Vergl.: Müller, Die Assonanzen im Guir. de Ross., p. 14.

17] Endlich führt Bertrand p. 13 noch einen Beleg an für: *um:* dirum (C. II. 140), welches andere Schreibweise für *om* ist.

18]   5. *etz**).

Bei: Aim. de Peg. 6. Alex. 1. Guill. IX. 12. G. Fig. 2. Guir. de Born. 17. 18. Mrcbr. 20. Raim. de Durf 1.

19]   Gebunden ist *etz***) mit:

-ĕoem (?) (detz). Raim. de Durf. 1.
-eoit (fea). Aim. de Peg. 6. Alex. 1.
-ectus (dreiz). Guir. de Born. 17.
-edus (palafres). Alex. 1.
-enes (sostes). Alex. 1.
-e(n)set (pes). Aim. de Peg. 6. Alex. 1.
-*enus (bes). Aim. de Peg. 6. (ges). das.
-es (res). Aim. de Peg. 6.
-est (es). Aim. de Peg. 6. Raim. de Durf. 1.
-étis (aprenetz). Raim. de Durf. 1.

— (consentissetz). Guir. de Born. 18.
— (devetz). Guill. Fig. 2. — (podetz). das. -- (sabetz). Raim. de Durf. 1. (temetz). Guill. Fig. 2. — (tenetz). das. — (vezetz). Raim. de Durf. 1.
-icet (letz). Guir. de Born. 17. 18.
-ices (vetz). Guill IX. 12. Guir. de Born. 17. 18. Mrcbr. 20.
-igidus (effreis). Guir. de Born. 17.
-*iscus (fretz). Guir. de Born. 18.
-issus (comes). Aim. de Peg. 6.— (entremes), das.

20] *es* ist vielfach belegen, dasselbe lautete mit *etz* völlig gleich. So findet es sich bei:

Blac. 12. Guill. IX. (B. Ch². 30). G. Fig. (Lévy p. 39. 73). Mrcbr. (B. Ch². 60. Peire Rog. (App. 63. 64). Aig. 313. E. J. (B. Ch². 10 ff.). G. de Nav. 2099. Hon. 8,7. Trés. 617. Serm. lim. 123,49.

21] *es*, welches zuweilen für *etz* vorkommt†), ist, wie die Reime ergeben, ebenfalls eine berechtigte Schreibweise.

---

*) *etz*-Reihen ohne Fut.:
Arn. Dan. 13. Bern. A. d'Arn. 1. Cercal. 1. Daude Prad. 8. Folq. Rom. 1. Gavauda 5. Gorm. de Monp. 1. Guill. Fig. 2. Guion. 1. Guir. de Born. 25. G. de Cal. 5. G. Riq. 22. 36. Lanfr. Cig. 2. Mrcbr. 23. 43. Mönch 10. Peiro d'Alv. 9. P. Card. 20. P. Rog. 6. Raimb. d'Aur. 25. 30. R. de Vaq. 25. Raim. Mirav. 16. 25. 33. R. de Tors 2. R. Val. 1451. Anon. 217. Lais Mark. 127.
etz-Reihen: Fut. gebunden mit Fut.:
Dalf d'Alv. 7. Enimie 790.

**) *etz* hat geschlossenes *e*. Cf. P. Meyer. Rom. VIII. 155. Ferner: Thomas, Arch. des miss. scientif. 3ᶜ s. V. 410ff. Ferner: Wiechmann p. 15. Ferner: Hoffmeister p. 25.

***) Cf. Appel, Peire Rogier, Anm. zu III, 6. p. 74.

†) Wiechmann p. 31.

22] Wir finden *es*:

Guir. del Olivier 5. Joan d'Alb. 3. Liebesbrief (Such. D. p. 312. 315). Peire Trubust 1. Anon. 203. Aig. 287. 362. 366. 785. Alex. (Such. D. 145). Bén. (Alb. p. 7). Daur. 188. 304. 416. 576. Douc. VI. 6. IX. 1. E. J. VII. 34. XVI. 20. XX. 23 (Woll). E. Nic. (Such. D. 31 45. 82. Flamenca 877. 5864. 5865. 5892. 5893. 6235. 6296. 6349. 6350. 6409. 6410. 7748. 7749. 7905 *etc.* Hon. 8,7. 11,29. 152,44. 166,7. 196,25. 197,34. 201,32. 203,30. Agn. 673. 697. 1199. Lud. St. Jac. (B. Ch.* 406 412. Don. proens. 17,41 (Hs. C). Las rasos: 68,21 (Hs. B); 74,3 (Hs. C).

23] Vereinzelt findet sich ferner die Schreibweise *et* für *etz* an: Guir. Riq. (M. W. 4,237). Daur. 16. 398 433. 1876. E. J. (B. Ch². 9ff.). Ross. Mich. p. 3. 7., was nach Chabaneau (Rev. d. l. rom. 1881. II. 249) auch eine gascognische Eigentümlichkeit ist.

24] Fehlerhaft ist das Suffix *atz* in Crois. 553. 554*) und Frbr. 1411. 1416. 1417. 1430. 2241. 3009. 3119. 3120. 3139. 3151. 3258 etc. Im Frbr., welchem ein französischer Text zu Grunde gelegen hat, können wir die angeführten Reimreihen auf *atz* sämtlich in solche auf *etz* umschreiben. Nur *platz* scheint dieser Behauptung zu widersprechen; jedoch bei näherer Untersuchung stellt sich heraus, dass sich dasselbe im französischen Texte niemals als *plaist* findet, sondern stets auf irgend eine Weise umschrieben ist. — Hierzu sind auch die Formen: »vieurat(z)« Daur. 214, »auzirat(z)« das. 1918, zu rechnen. Chabaneau (Rev. d. l. rom. 1881. II. 255—260) erklärt, dass sie gascognisch sind.

25]   6. *an***).

Bei: Aim. de Peg. 37. Alb. de Sest. 16. Bereng. de Pal. 5. Arn. de Prad. 3. B. de V. 37. Bertol. Zorgi 5. B. de B. 12. 22. 26. 28. Blacass. 6.

---

*) Cf. L. Kraack: Über die Entstehung und die Dichter der »Chanson de la Croisade contre les Albigeois« p. 8—9: »Paul Meyer (Introd. C. IV) sagt: Les futurs (2° pers. du plur.) -at(z) ne sont pas sans exemple. Il est manifeste que l'auteur a voulu rimer en -atz, quoiqu'il n'y soit pas arrivé sans faire aux règles de la declinaison quelques menues infractions«.

**) *an*-Reihen ohne Fut.:

Adem. 1. A. Jord. 2. A. lo Negre 3. Aime de Bel. 8. 15. A. de Peg. 8. 14. 15. 16. 25. 27. 32. 40. 42. 44. 45. 46. 50. 51. A. de Surl. 1. 2. Alb. de Sest. 10. Alegret. 1. Almuc 2. Arn. Cat. 6. A. Dan. 1. 4. A. de Mar. 3. A. de Tint. 2. Aug. Nov. 1. 3. Azal. de Porcav. 1. Beatr. de Dia 5. Bereng. de Pal. 8. 9. Bern. 4. B. d'Aur. 2. B. Marti 4.

13

Caden. 3. 23. El. Cair. 11. 13. Folq. Lun. 1. F. de Mars. 3. Gauc.
Faid. 22. Guigo 1. Gui. d'Uis. 3. 14. 19. Guill. de Cabet. 7. G. de la
Tor. 9. Guir. de Born. 6. 17. 30. 31. 39. 40. 41. 42. 46. 47. 56. 74.
G. de Cal. 15. Joan d'Alb. 2. J. Est. 6. G. Riq. 48. Mrcbr. 24. 41.
Mont. 2. Peire Brem. 14. P. Card. 2. 4. 52. 54. 68. Peirol 28. 29.
Ponz. de Cabd. 8. Preb. de Val. 1. Raim. Gauc. 2. 33. Sim. Dor. 3.
Sordel 23. Uc de la Bac. 1. S. Circ. 28 Anon. 173. 200. Crois. 60. 88.
95. 125. Ross. 238. 404. 645.

B. de Prad. 1. B. Sic. 1. B. Tort. 1. B. de Tot-lo-Mon. 2. B. de V.
4. 14. 29. 31. 34. 36. 38. 39. 45. Bertol. Zorgi 2. 3. 5. 6. 7. 14. 16. 17.
Bertr. 2. 5. B. d'Alam. 21. B. de B. 4. 6. 12. 17. 21. 22. 26. 28. 34.
B. de Carb. 2. 4. 8. 10. 12. 31. 32. 36. 39. 48. 60. 69. 87. B. de Paris 1.
B. del Pog. 1. Bier. de Rom 1 Blacass. 2. 6. 9. Blac. 1. 6. 12. Bonif.
Calv. 1. 2. Caden. 1. 7. 9. 17. 18. 19. 20. 21. 23. 25. Castell. 2. Cavaire 1.
Cercal. 4. Dalf. d'Alv. 6. 7. Dante de Maj. 1. Daude Prad. 3. 5. El.
de Barj 5. El. Cair. 1. 10. 11. 12. 14. El. Fons. 1. Enric. 1. Folq. de
Mars: 3. 7. 9. 13. 17. 24. F. de Rom. 1. Gar. lo Brun. 1. Gauc. 5. 25.
G. Faid. 6. 7. 20. 22. 27. 29. 34. 35. 41. 49. 53. 55. 57. 59. 63. Gausb.
de Poic. 3. 6. 9. 15. Gavauda 1. Gen. lo Jogl. 1. Granet 1. 2. 5. Gui
d'Uis. 2. 12. 17. 19. Guill. 1. G. Adem. 1. 4. G. d. Berg. 3. 21. 29.
G. de Cabet. 2. Guill. IX. 1. G. Magret 1. G. Peire de Caz. 1. 2.
G. de S. Gregor. 5 G. de S. Leid. 3. 6. 7. 8. 15. G. de Salign. 1.
G. de la Tor. 2 8. Guinet 1. Guir. de Born. 5. 16. 17. 29. 30. 34. 40.
53. 68. 72. 74. 79. G. de Cal. 1. 6. 11. G. d'Esp. 3. 8. 11. G. del Oliv.
18. 31. 34. 44. 63. 67. G Riq. 3. 4. 11. 15. 22. 26. 34. 42. 49. 51. 64. G. de Sal. 1.
Isab. 1. Ian. d'Entrev. 1. 2. Joan d'Alb. 3. J. Est. 5. 7. 8. Joyos de
Tol. 1. Jord. de l'Isla de V. 1. Lanfr. Cig. 4. 7. 8. 9. 16. 17. Lignaure 1.
Lun. de Mont. 1. 3. Maistre 1. Montan. 1. Mrcbr. 2. 4. 7. 22. 42. 44.
Mönch v. Foias. 3. Mönch 6. 7. 14. Nat. de Mons. 1. Oste 1. Pailais. 1.
Paul. de Mars. 6. Peire d'Alv. 16. P. de Brag. 1. P. Brem. 19. P. Card.
10. 12. 21. 34. 42. 57. 63. 67. P. Duran. 1. P. Guill. de Tol. 1. 5.
P. Milo 3. P. d. 1. Mula 1. P. Raim. de Tol. 1. 7. 9. 10. 15. P. Rog.
2. 4. 6. 9. P. de Val. 1. P. del Vern. 1. P. Vid. 5. 25. 33. 34. 49.
Peirol 2. 4. 8. 10. 13. 14. 16. 18. 32. 34. Perdigo 1. 14. Pistol. 2. 4.
Ponz. Barba 1. P. de Capd. 1. 4. 5. 7. 17. 25. 27. P. de la Garda 1. 6.
Raimb. d'Aur. 4. 9. 17. 19 37 R. de Durf. 1. R Gauc. 3. 7. R. Guill. 1.
R. Jord. 6. 8. 9. R. Mirav. 3 21. 27. 38. 40 41. 43. 45. 46. R. de las
Sal. 5. R. de Tors 1. 2. 4. 5. Rain. de Tres-Sauz. 1. Ralm. 1. 2. 4. 5.
Rost. de Merg. 1. Sav. de Mall. 2. Serv. 2. 9. 15. 16. 41. 42. Sordel
3. 5. 6. 7. 10. 17. 29. 34. Na. Tibors 1. Torcaf. 3. Trob. de Villa-Arn. 2.
Uc Brun. U. de Maens 1. U. de Mur. 1. U. de Pena 2. S. Circ. 1. 3.
9. 12. 26. 31. 38. 41. Anon. 7. 15. 31. 33. 42. 45. 48. 54. 55. 60. 70. 72.
79. 80. 92. 106. 115. 136. 141. 147. 160. 163. 189. 197. 228. 231. 234. 235.
237. 242. 244. 247. Boetius 9. 15. Laix non par. 9. Noël (B. Ch.* 17).
Planch. d'Est. 1. Crois. 4. 72. 93. 109. 122. Enimie 287. 407. 470. 570.
652. 833. 936. Frbr. 10,11. 191,7. 192,5. 193,13. 195,29. 196,7. 199,37. 208,13.
Hon. 1,1. 10,11.21. 12,21. 13,13. 17,17. 18,33. Ross. 12. 86. 148. 249. 301.
450 476. 610. 661.

und an-Reihen: Fut. gebunden mit Fut.:

Gauc. Faid. 51. Agn. 607. 1180.

26] Es ist gebunden mit:

-**abent** (nn). Bereng. de Pal. 5. B. de Born. 22. El. Cair. 11. Folq. Lun. 1. Gui d'Uis. 14. Guir. de Born. 6. P. de Cal. 5. G. Riq. 48. Joan Est. 6. Peire Card. 2. Preb. de Val. 1. Sim. Dor. 3 *etc.*
-***acunt** (fan). B. de V. 37. Caden. 3. El. Cair. 11. Folq. Lun. 1. Guigo 1. Gui d'Uis 14. Guir. de Born. 31. G. Riq. 48. Peirol 29. Ponz. de Capd. 6. Preb. de Val. 1. Uc de la Bac. 1 *etc.*
-**adunt** (van). Guir. de Born. 6. 41. Mont. 2. Peire Card. 2. Peirol 29. Crois. 68. 95. 125.
-**amnum** (dan). Alb. de Sest. 16. Bereng. de Pal. 5. Bertol. Zorgi 5. El. Cair. 11. F. de Mars. 3. Gauc. Faid. 22. Gui d'Uis. 14. Guir. de Born. 31. G. Riq. 48. Joan Est. 6. Mrcbr. 41. Crois. 95 *etc.*
-***ancum** (bran). B. de B. 22. 26. Guir. de Born. 6.
-***andem** (gran). Aim. de Peg. 27. Gauc. Faid. 22. Guill. de Cabst. 7. Guir. Riq. 48. Joan d'Alb. 2. J. Est. 6. Peire Card. 2. Peirol 29. Ponz de Capd. 8. Sordel 23. Uc de la Bac. 1. Anon. 200 *etc.*
-***andit** (blan). Gui d'Uis. 14. Guir. de Born. 6. 17. G. Riq. 48. Mrcbr. 41. — (espan). das. — (resplan). Anon. 200. -**ando** (conan). Bereng. de Pal. 5. B. de B. 26. Raim. Gauc. 2. — (denan). Ami. de Peg. 37. Alb. de Sest. 16. B. de B. 12. Guigo 1. Guir. de Born. 17. 31. Peire Brem. 14. Peirol 29. Preb. de Val. 1. Sim. Dor. 3. Ross. 238. — (acaptan). B. de B. 12. — (baisan). B. de B. 12. Guigo 1. Gui d'Uis. 14. — (cavalgan). B. de B. 26. -- (chantan). B. de B. 12. El. Cair. 11. Folq. de Mars. 3. Gui

d'Uis. 14. Guir. de Born. 6. Preb. de Val. 1. — (chastian). Mrcbr. 41. — (cercan). B. de B. 26. — (conortan). Bertol. Zorgi 5. — (conseillan). Aim. de Peg. 37. — (doblan). El. Cair. 13. — (donan). B. de B. 22. — (estan). B. de B. 26. Gui d'Uis. 14. Guir. de Born. 41 Peire Card. 2. 54. Raim. Gauc. 2. Sim. Dor. 3. Uc de la Bac. 1. — (doptan). El. Cair. 11. — (encolpan). Gui d'Uis. 14. — (gaban). Caden. 3. — (gardan). Gui d'Uis. 14. — (lauzan). Peire Card. 2 *etc.* — (malestan). Peire Card. 54. — (obran). das. 2. — (portan). G. Riq. 48. — (ploran). Peirol 28. — (prezan). das. 28. -- (sobran). Gui. Riq. 48. — (umilian). Gui d'Uis. 14 *etc.*
-**andum** (coman). Bertol. Zorgi 5. El. Cair. 11. Uc de la Bac. 1. Ross. 404. 645. — (deman). B. de B. 22. Folq. Lun. 1. — (Rotlan). das. — (Tristan). das. 12. — (Yrlau). das. 26 *etc.*
-**ane** (deman). Mont. 2. Crois. 60. 125. — (deplan). Peire Brem. 14. P. Card. 2. Crois. 60.
-**anem** (pan). Crois. 68. 125.
-**ani** (vilan). Crois. 60. 88.— *Eigennamen:* (Acaman). Crois. 125. — (Catalan). Peire Brem. 14. — (Castelan). das.
-**anni** (truan). Aim. de l'eg. 37. B. de B. 22. 26. Gauc. Faid. 22. Gui d'Uis. 14. Mont. 2. Peire Card. 2. Raim. Gauc. 2. Uc de le Bac. 1.
-**anno** (*anno) (ogan). Bertol. Zorgi 5. Gui d'Uis. 14. Preb. de Val. 1. Anon. 200. Ross. 238. — (soan). Guir. de Born. 31. Peire Card. 2. Preb. de Val. 1.
-**annum** -***annum**) (afan). Alb. de

Sest. 16). B de V. 37. B. de B. 22. Caden. 3. El. Cair. 13. Folq. de Mars. 3. Gui dUis. 14. Guir. Riq. 48. Mrcbr. 41. Peirol 28. Uc de la Bac. 1 *etc.* — (an). B. de B. 22. ,Caden. 3. Folq. de Lun. 1. Gauc. Faid. 22. Gui d'Uis. 14. Guir. de Born. 17. Joan Est. 6. Peire Card. 2. Peirol 28. Sordel 23. Anon. 200. — (ban). Guir. de Born. 6. — (engan). Alb. de Sest.16. Bereng. de Pal. 5. B. de V. 37. Bertol. Zorgi 5. Caden. 23. Guigo 1. Guill. de Cabat. 7. Guir. de Born. 31. G. Riq. 48. Peire Card. 54. Ponz de Capd. 8. Uc de la Bac. 1 *etc.*— (gaban). B. de B. 12. - *Orts- und Eigennamen:* (Alaman). B. de B. 26. — (Aziman). das. 12. — (Braiman). das. 26. — (Johann). Guir. Riq. 48. Peirol 28. Crois. 60. 95. — (Norman). B. de B. 26.

-ante (avan). Uc de la Bac. 1.— (denan). Bereng. de Pal. 5. B. de B. 26. Caden. 3. El. Cair. 11. Folq. de Lun. 1. F. de Mars. 3. Guir. de Born. 6. G. Riq. 48. Joan d'Alb. 2. Mrcbr. 24. Peire Card.2 Raim. Gauc.2. — (derenan). Joan Est. 6. Peirol 29. S. Circ. 28. — (enan). Alb. de Sest.16. B. de B. 22. El. Cair. 13. Folq. de Mars. 3. Gui d'Uis. 14. Mont. 2. Ponz de Capd. 8. Uc de la Bag. 1. S. Circ. 28.

-antem (-antem) (aman). B. de V. 37. Bertol. Zorgi 5. Guir. de Born. 31. Preb. de Val. 1. Uc de la Bac. 1. — (benestan). Bereng. de Pal. 5. B. de B. 12. 26. El. Cair. 13. Gui d'Uis. 3. Joan d'Alb. 2. -- (enfan). Bertol. Zorgi5. Guir. de Born.17. Peire Card. 2. 54. — (ferran). B. de B. 22. Gauc. Faid. 22. Ross. 645. — (Don Ferran, *Eigenname*). Folq. Lun. 1. — (meilluran). Guir. de Born. 17. — (prezan). El. Cair. 13. Folq. de Lun.1. Guigo 1. Joan d'Alb.2. Peire Brem. 14. — (semblan). Alb. de Sest. 16. Bereng. de Pal. 5. B. de B. 26. E. Cair. 13. Gui d'Uis. 3. 14. Guir. de Born. 31. Guir de Cal. 5. Joan Est. 6. Peirol 29. Ponz de Capd. 8. Preb. de Val. 1. Sordel 23 *etc.*

-*anti (aman). Alb. de Sest.16. Sordel 23. — (claman). Alb. de Sest. 16. — (enfan). Peire Card. 52. — (prezan). Gauc. Faid. 22. Peire Card. 2. — (prezican). Guir. Riq. 48.

-anto (chan). Caden. 3. Folq. de Mars. 3. Guir. de Born. 17. Peire Card. 52.

-antum (-antum) (aitan). Bereng. de Pal. 5. Bertol. Zorgi 5. Caden. 3. Gui d'Uis. 14. Peirol 29. — (atretan). B. de V. 37. Caden. 3. Folq. Lun. 1. F. de Mars. 3. Uc de la Bac. 1.— (chan). B. de B. 22. 26. Caden. 3. Gui d'Uis. 3. 14. Guir. de Born. 6.31. Peirol 29. -- (guan). Gui d'Uis. 14. Peire Card. 4. 52. 51. Crois. 95. — (quan). Aim. de Peg. 37. B. de B. 22. 26. Gauc. Faid. 22. Guir. de Born. 17.31. Preb.deVal.1. Ross.645. — (tnlan). Bereng. de Pal. 5. B. de V. 37. Bertol. Zorgi 5. B. de B. 12. Folq. Lun. 1. Guigo 1. Guill. de Cabat. 7. Guir. Riq. 48. Joan d'Alb. 2. Peire Card. 2. Raim. Gauc. 2. Sordel 23 *etc.* — (tan). B. de B. 37. El. Cair. 11. Gui d'Uis. 3. 14. Guir. de Born. 17. Joan d'Alb. 2. Joan Est. 6. Peire Card. 2. 4. Ponz de Capd. 8. Sordel 23. Uc de la Bac 1. S.Circ. 28 *etc.*

-anum (man). Crois. 60. 95. — (plan). Crois. 88. 125. — *Orts- und*

Eigennamen: (Capellan). Mont. 2. — (Montalban). Crois. 60. 88. 125. — Crois. 125. -- (Cerdan). Crois. 88. 125. (Persan). El. Cair. 11. Gauc. Faid. 22. — (Espan). Mont. 2. — (Jordan). Peire Card. 54. — (Tolzan). .Crois. Crois. 60. 88. — (Montan). Mont. 2. 60. 88.

26] Zur Vervollständigung der von P. Meyer (Rom. IX. p. 192 ff.) -und Chabaneau (Rev. d. l. rom. 1881. I. 43) aufgestellten weiteren Suffixe für die 3. Pers. Plur. Fut.: »*ant, au, aun, en, ent, on, ont, unt*«, welche sich aus den Reimen nicht nachweisen lassen, mögen noch folgende Belege dienen:

-ant (aurant). B. de B. (Stim. p. 73, 177). — (cobrarant). Aig. 1153. — (firrant). Ross. O. 5193. — (gardarant). Lud. St. Jac. (B. Ch.³ 408,12). — (serant). B. de B. (Stim. p. 171,24). Aig. 828. 930. 967. *Vergl. ferner:* Hentschke p. 32 f.

-au (amarau). Don. proens. 13,8 A). — (tenrau). Flamenca 7251. —

Zu *au* vergl. ferner: Rev. d. l. Rom. 1880. I. 299 Anmerkung.

(Hs. A). — (aurau). das. 16,29. 19,16. 27,29. Règle de St. Bén. (B. Ch³. 232,9). (estarau). Flamenca 7253. — (farau). Règle de St. Bén. (B. Ch.³ 232,9). — (irau). das. 231,9. — (remanrau). A. P. R. 8,84. - (serau). Règle de St. Bén. (B. Ch.³231,12.22). Don. proens. 17,39 (Hs. A). — (tenrau). Flamenca 7251. — (venrau). Règle de St. Bén. (R. Ch³. 231,10).

und ferner das Ludus Sancti Jacobi (Jahrb. f. rom. u. engl. Litt. III. p. 196 ff.), in welchem nur *au* für die 3. Pers. Plur. Fut. gesetzt ist.

-en (auren). Cart. d'Oloron 1290 (Luch. p. 55). — (averen). (B. Ch.³ 396,19). — (creeren). Préc. rel. 144,11. — (formeren). das. — (portaren). Bagn. de Big. 1260³ (Luch. p. 35. 36). — ([dc]manderen). Bordeaux 1240 (Luch. p. 126). — (vieren). Cart. d'Oloron 1290 (Luch. p. 54). Ross. Mich. p. 89 *steht endlich:* vanguren.

-ent. *Vergl.* Ross. O., Hentschke p. 32 f.

-o (avero). (C. II. 9.) Bertrand p. 16 Anm. 12. — (faro). (C. II. 227). Bertrand p. 14. — (issiro). Serm. lim. 130,6.

-on. *Vergl.* Ross. O., Hentschke p. 32 f.

-ont (aeront). Aig. 978. *Ferner:* Hentschke p. 32 f.

-unt (venrunt). Code Justinien (B. Ch.³ 300,10. Ms. A). (Ms. B *hat* veno.) *Vergl.* Hentschke, Ross. O. p. 32 f.

27] Conditional II.

Da die 1. und 3. Pers. Sing. des Cond. II (vergl. die unter 2 aufgestellte Tabelle) gleichlautet und in den Reimreihen zuweilen mehrfach mit einander gebunden ist, so werde ich der Kürze wegen beide zusammen behandeln.

28]   7. *ia*).

Bei: Adem. lo Negre 4. Aim. de Bel. 8. A. de Peg. 2. 4. 15. 16. 43. 45.
A. de Sarl. 1. 2. Alb. de Sest. 6. 7. Alegret. 1. Alex. 1. Arn. Cat. 6.
A. de Mar. 5. 7. 17. 20. A. Plag. 1. Beatr. de Dia 2. Bereng. de Pal.
1. 3. 7. 10. 11. 12. Bern. 4. B. d'Aur. 2. 4. B. Marti 5. 6. B. de Rov. 2.
B. de Tot-lo-Mon. 1. 3. B. de V. 17. 21. 25. 45. Bertol. Zorgi 5. 7. 9. 17.
Bertr. 2. H. d'Alam. 4. 9. 11. 19. 22. 23. B. de B. 14. B. de Carb. 3.
9. 10. 77. B. de Gordo 1. B. de Poj. 2. Bisch. v. Clerm. 2. Blacass.
9. 11. Blac. 6. Bonif. Calv. 8. 10. 12. Caden. 2. 5. 6. 7. 8. 14. 15. 18.
19. 20. 25. Clare d'And. 1. Dalfi d'Alv. 9. Daude Prad. 1. El. de Barj.
3. 5. 8. 9. 13. El. Cair. 8. 10. Englea 1. Folq. de Lun. 1. 2. F. de
Mara. 21. F. Rom. 1. 5. Fraire Menre 1. Gar. d'Apch. 2. 7. 8. G. lo
Brun. 1. Gauc. 1. G. Faid. 2. 14. 41. 43. 44. 51. 55. 62. Gausb. de
Poic. 3. Gavauda 6. Graf v. Prov. 1. G. v. Rod. 2. Granct 2. 4. Gui
de Cav. 5. G. d'Uis. 3. 11. 13. 16. 18. Guigo 1. Guill. 6. Guill. IX. 9.
G. Adem. 5. G. Aug. 4. 5. G. Fiq. 5. G. Magret. 1. G. de Mont. 2.
6. 7. 8. 9. 14. G. Peire de Caz. 10. G Rain. de Gir. 3. G de la Tor.
6. 12. Guionet 1. Guiraud 1. G. lo Ros. 4. 6. Guir. de Born. 2. 18.
28. 31. 35. 66. 70. G. de Cal. 1. 6. G. d'Esp 2. 3. 5. 9. 13 G. del
Oliv. 1. 5. 22. 73. G. Riq. 21. 22. 24. 32. 39. 49. 50. 51. 59 71. 75. 77. 78.
85. 88. G de Sal. 2. Isabel 1. Isn d'Entrev. 1. Joan d'Alb. 2. J. Est. 4. 8
J Lag. 1. Lamb. de Bon. 4. 9. Lanfr. Cig. 5. 6 16. Lun. de Mont. 3.
Maistre 1 Mrcbr. 10 24. 44. Marques. 2. Mönch 5. 6. 7. 15. 17. 23.
M. de Foiss. 2. Paul de Mars. 3. 4. Peire Brem. 9. 10. P. Br -lo-Tort. 1.
P Card. 1. 4. 6. 8. 11 12. 27. 31. 67. P. Guill. 4. P. Trab. 1. P. Vid.
7. 43. 46. Peirol 6. 8. 9. 12. 15. 20. 26. Perdig. 1. Pistol. 1. Ponz de
Capd 2. 6. 11. 15. 18. 19. Preb. de Val. 1. Puiol. 1. Raimb de Belj. 1.

*) *ia*-Reihen ohne Cond. II:

Aim. de Bel. 9. 20. 21. A. de Peg. 10. 12. Alb. de Sest. 11. 13.
Arn. Dan. 16. A. de Mar. 21. A. Peire d'Agan. 1. Aug. Nov. 2. Aust.
d'Orl. 1. Bereng Trob. 2. Bern. Rov. 4. B. Sic. 1. B. de V. 30. B. de
Venz. 2. Bertr. Alb. 2. B. de B. 9. 39. B. de Carb. 5. 8. 16. 19. 35.
Blacass. 8. Blac. 1. Lo Bort del rei d'Arag. 3. Caden. 13. Cercal. 1.
Daup. 2. Daude Prad. 4. Eble d'Uis. 3. Esperd. 1. Folq. de Mars. 26.
F. Rom 2. 6. Gauc. Faid. 3. 15. Gausb. de Poic. 2. Na. Gorm. de Monp. 1.
Guigo 2. Guill. Adem. 6. G. Aug. 8. Guill. de Berg. § 27,7. 8. 11. 18.
G. de Cabat. 6. G. Fig. 8. G. Peire de Caz. 1. 7. 10. G. Raim. 3. G. de
S. Leid. 8. 9. Guion 2. Guir. de Born. 61. 64. G. d'Esp. 4. 10. G. del
Oliv. 4. 7. 9. 20. 26. 30. 35. 37. 40. 47. 48. 49. 56. 57. 63. G. Riq. 15.
16. 36. 40. 64. 65. 86. G. de Sal. 4. Jac. Mote 1. Joan Est. 7. 9. 11.
Lanfr. Cig. 2. 4. 10. 17. Mrcbr. 25. 27. 30. 32. 42. Mönch 20. 21. Moter 1.
Peire d'Alv. 22. P. de la Carav. 1. P. Card. 10. 19. 25. 26. 38. 41. 45.
46. 52. 60. 70. P. de Gavar. 1. P. Milo 9. P. Raim. de Tol. 5 P. Vid. 13.
Peirol 18. Perdig. 15. Ponz de Capd. 4. 12. P. de la Garda 1. 5.
Raimb. d'Aur. 11. R. de Vaq. 11. 26. 32. Raim. de Miray. 42. 45.
Ralm. 1. 3. Ric. de Tarasc. 2. Rodrig. 1. Rost. Bereng. 1. Sordel 3.
16. 22. Templier 1. S. Circ. 4. 7. 17. 30. Anon. 2. 10. 32. 38. 47. 55.
65. 76. 79. 92. 97. 99. 118. 123. 144. 145. 148. 152. 154. 177. 201. 203.
208. 210. 218. 231. 232. 239. 243. 249. Pastorella 1 (Joyos. p. 91).

und *ia*-Reihen: Cond. II gebunden mit Cond. II:

    Beatr. de Dia 4. Caden. 24. Guill. Fiq. 2. Anon. 137.

R. de Vaq. 9. 12. Raim. 3. R. de Casteln. 5. R. Gauc. 7. 9. R. de Mirav. 18. 24. 41. R. Rig. 1. R. de Tors. 6. Rain. de Ponz 1. Ralm. 4. Rich de Berb. 3. 9. Rost. Bereng. 3. Sordel 1. 3. 6. 7. 10. 14. 21. Tomier 2. Uc de la Bac. 1. 4. Uc. Brun. 6. S. Circ. 9. 20. 21. 24. 26. 40. Uguet. 1. Anon. 3. 16. 104. 135. 167. 174. 189. 194. 200. 204. 211. 227. 233. 241. 247.

29] Die 1. Pers. Sing. Cond. II *ia* (lat. *ibam*) und die 3. Pers. *ia* (lat. *ibat*) sind gebunden mit:

-ia (-ia*) (baillia). Bertol. Zorgi 5. 17. Gauc. Faid. 44. Guill. Fig. 5. Peire Brem. 10. Perdigo 1. Rich. de Berb. 9. S. Circ. 20. — (bauzia). Alegret 1. Bertr. 2. Blacass. 9. Bonif. Calv. 8. El. de Barj. 8. Folq. de Lun. 2. Gauc. Faid. 62. Gen. lo Jog. 1. Guill. de la Tor. 6. 12. Peire Brem. 9. — (cavelaria). Lanfr. Cig. 6. Peire Card. 12. P. Vid. 43. Sordel 10. Anon. 200. 247. — (coindia). Caden. 18. Isn. d'Entr. 1. Paul. de Mars. 3. Peirol 6. S. Circ. 20. — (compagnia). Aim. de Bel. 8. A. de Peg. 43. Bereng. de Pal. 1. Gen. lo Jog. 1. Gavauda 6. Guill. de la Tor. 12. Guir. de Born. 18. 70. Lanfr. Cig. 6. — (cortesia). Alb. de Sest. 7. B. de V. 21. Bertr. 2. B. del Poj. 2. Blac. 6. Bonif. Calv. 8. 12. Caden. 2. El. de Barj. 3. El. Cair. 8. Folq. de Lun. 1. Gausb. de Poic. 3. Peire Guill. 4. — (dia). Aim. de Bel. 8. Arn. Cat. 6. Bern. 4· B. de V. 45. Bertr. d'Alam. 23. Blac. 6. Caden. 14. Folq. de Mars. 21. Gur. d'Apch. 7. G. lo Brun. 1. Gauc. Faid. 44. Granet 2. — (drudaria). Alb. de Sest. 7. Bereng. de Pal. 1. B. de V. 21. 25. Blac. 6. Daude Prad. 1. El. Cair. 8. Gar. d'Apch. 7. Gauc. Faid. 44. 62. Graf v. Rod. 2. Peire Guill. 4. — (feunia) (felonia). Aim. de Peg. 43. Alb. de Sest. 7. Alegret. 1. Arn. Cat. 6. Bern. 4.

Bertr. 2. Caden 18. Gar. lo Brun. 1. Gauc. Faid. 44. Granet 2. Peire Vid. 43. S. Circ. 20. — (paria). Aim. de Bel. 8. A. de Peg. 43. Alegret 1. Blac. 6. Bonif. Calv. 12. Caden. 18. El. de Barj. 8. Gen. lo Jog. 1. Graf v. Rod. 2. Guir. de Born. 70. — (via). Aim. de Bel. 8. A. de Peg. 43. A. de Sarl. 1. Bertol. Zorgi 17. Bertr. d'Alam. 23. Blac. 6. Caden. 2. 7. 14. 19. Folq. de Lun. 1. F. de Mars. 21. Gavauda 6. — (vilania). B. de V. 45. Bertr. del Poj. 2. Caden. 14. 19. 25. El. de Barj. 3. 8. Folq. de Lun. 1. F. de Mars. 21. Gauc. Faid. 62. Gen. lo Jog. 1. — (mia). Aim. de Sarl. 1. Bereng. de Pal. 1. B. de V. 45. Bertr. d'Alam. 23. Blacass. 9. Blac. 6. Gar. lo Brun. 1. Gen. lo Jog. 1. Gavauda 6. Gui d'Uis. 13. Guill. Aug. 4. Mrcbr. 24 *etc.* — *Orts- und Eigennamen*: (Alemania). Isn. d'Entrev. 1. — (Lombardia). Arn. Cat. 1. Folq. de Lun. 1. Isn. d'Entrev. 1. Peire Brem. 9. P. Card. 12. P. Vid. 7. Anon. 241. — (Maria). Folq. de Lun. 2. Gen. lo Jog. 1. Guill. Fig. 5. — (Normandia). B. de V. 21. Peire Card. 6. — (Pavia). Folq. de Lun. 1. Lanfr. Cig. 6. — (Suria). Folq. de Lun. 1. Peire Brem. 10. P. Card. 12. P. Vid. 43. — (Tabaria). Peire Vid. 43. — (Turquia). Peire Card. 12.

-iam (aia). Alegret 1. B. de V. 25.

Bertol. Zorgi 5. Bertr. d'Alam. 23. Blacass. 11. Blac. 6. Caden. 25. El. de Barj. 8. Gauc. Faid. 62. Gausb. de Poic. 3. Sordel 10. S. Circ. 9 etc.

-°iat (humelia). Blacass. 11. Folq. de Mars. 21. Lanfr. Cig. 5. — (sia). Aim. de Bel. 8. Arn. Cat. 6. Bern. 4. Bertr. d'Alam. 23. B, de Gordo 1. Bonif. Calvo 8. Caden. 25. El. de Barj. 38. Folq. de Lun. 1. Gavauda 6. Graf v. Rod. 2. Granet 4 etc.
-°ibam (avia). Arn. Cat. 6. Bertr. de Gordo 1. Caden. 14. El. de Barj. 3. Gauc. Faid. 44. Granet 2. Gui d'Uis. 13. Guir. lo Ros. 4. G. Riq. 21. Peire Vid. 23. Pistol. 1. S. Circ. 21 etc. — (dixia). Aim. de Peg. 43. Blacass. 11. Gui d'Uis. 13. Peire Vid. 43. -- (fadin). Peire Card. 6. -- (fazin). El. de Barj. 8. — (perdia). Aim. de Peg. 45. — (aabia). Bertol. Zorgi 17. Bonif. Calvo 12. Gauc. Faid. 44. — (servia). Caden. 20. Pistol. 1. — (solia). B. de V. 45. Guir. de Born. 28. — (tenia). Gavauda 6. — (trametia). 8. Circ. 21. — (valiu). Arn. Cat. 6. Bonif. Calv. 12. — (vezia). Folq. de Mars. 21. Gauc. Faid. 44. — (volia). Bereng. de Pal. 1. B. de V. 21. Gauc. Faid. 62. Pistol. 1 etc.
-°ibat (avia). Caden. 2. Folq. de Lun. 1. Graf v. Rod. 2. Guill. Aug. 4. Guir. Riq. 75. Lanfr. Cig. 6. Pistol. 1. Raimb. de Vaq. 12. — (cambia). Bereng. de Pal. 1. Blac. 6. Peire Vid. 43. — (oossentia). Gauc. Faid. 44. Gui d'Uis. 18. — (dixia). B. de V. 45. Bertr. d'Alam. 23. Caden. 19. Gui d'Uis. 16. Guir. de Born. 28. Pistol. 1. — (fazia). B. de V. 21. Bertol. Zorgi 5. Folq. de Mars. 21. Guir. Biq. 21. S. Circ. 9. — (metia). Aim. de Peg. 43.

Guir. de Born. 70. — (plaxia). B. de V. 25. El. de Barj. 3. Gen. lo Jog. 1. Guir. lo Ros. 4. G. de Born. 70. G. d'Esp. 5. Peire Vid. 43. Peirol. 15. Pistol. 1. — (podia). Aim. de Peg. 43. Arn. Cat. 6. B. de V. 45. Bertr. d'Alam. 23. Gauc. Faid. 44. Gui d'Uis. 16. Guill. Aug. 5. Peire Vid. 7. Raimb. de Vaq. 12. — (sabia). Guir. d'Esp. 13. Ien. d'Entrev. 1. — (tenia). Bonif. Calv. 8. Peire Card. 12. Pistol. 1. — (veniu). El. de Barj. 3. Lanfr. Cig. 5. Peire Card. 6. — (volia). Bertr. d'Alam. 23. El. de Barj. 3. Gui d'Uis. 13. Guill. Aug. 4. Lanfr. Cig. 5. Mrcbr. 24 etc.
-ics (amia). Aim. de Peg. 43. A. de Sarl. 1. Alb. de Sest. 7. Bereng. de Pal. 1. B. de V. 45. Bertr. d'Alam. 23. Blac. 6. Bonif. Calv. 12. Caden. 18. Folq. Rom. 5. Guir. Riq. 75. Sordel 10 etc. — (enemiu). Aim. de Peg. 45.
-icam (dia). Aim. de Sarl. 1. Alb. de Sest. 7. Alegret 1. Gen. lo Jog. 1. Gui d'Uis. 13. Guir. Riq. 39. Peire Brem. 9. 8. Circ. 20.
-icat (dia). Bertr. d'Alam. 23. Guigo 1. Guill. Aug. 4. Guir. Riq. 75. Sordel 10.
-idam (aucia). Aim. de Bel. 8. A. de Sarl. 1. Alegret 1. B. de V. 25. Bertol. Zorgi 5.
-idat (aucia). Arn. Cat. 6. Blacass. 11. Blac. 6. El. de Barj. 3. Guir. de Born. 18. Peire Brem. 9.
-igam (castia). Aim. de Peg. 43. — (lia). Peire Vid. 43.
-igat (castia). Arn. Cat. 6. El. de Barj. 3. Gavauda 6. Gui d'Uis. 13. Guir. de Born. 70. Peire Vid. 43. S. Circ. 21. — (lia). Alegret 1. Bertr. 2. B. del Poj. 2. Blac. 6. Graf v. Rod. 2.

Guill. Aug. 5.   G. de la Tor. 6.   de Lun. 1. F. de Mars. 21. F. Rom. 5.
Lanfr. Cig. 5. Peirol 15. Pistol. 1.   Gauc. Faid. 44. Gen. lo Jog. 1. Guir.
-ita (vm). Aim. de Peg. 43. Bern. 4.   Riq. 21. Peire Brem. 10. Raimb. de
B. de V. 45. El. de Barj. 8. Folq.   Vaq. 9 etc.

30] Ausnahmsweise findet sich *ie*, als Schreibweise, für *ia*: darie, Aig. 857. — lassarie, E. Nic. (B. Ch². 380).
ie im Ross. O cf. Hentschke p. 32 f.

Nach Bartsch (Sancta Agnes, Einleitung p. 10) wurde *ia* in der klassischen Zeit zweisilbig, indessen auch schon einsilbig gebraucht, und zwar wurde letzterer Gebrauch in der zweiten Hälfte des 13. Jahrhunderts häufiger.

31]   8. *ias.*

Für die 2. Pers. Sing. Cond. II auf *ias* (lat. **ibas*) ist kein Beleg in den Reimen der Lyriker vorhanden. Wir haben nur 3 Reimreihen auf *ias* ohne Cond. II, und zwar: Guill. Peire 8; Guir. del Oliv. 70; Peire Card. 27.

32] Von Fällen ausser dem Reim verzeichne ich: *amarias*, Don. proens. 13,43 (Hs. A); — *aurias*, Aig. 872. 958; G. Folq. (Such. D. p. 277); L'essenh. (B. D. p. 117); Roman. (Such. D. p. 310); — *cassarius*, D. Prad. Vert. (z. 702); — *darias*, Liebes-brf. (Such. D. p. 313); — *deurias*, Agn. 373; — *estarias*, Tré-sor 12,96; — *gardarias*, D. Prad. Vert. (z. 696); — *intrarias*, Trésor 12,96; — *penrias*, Ross. Mich. p. 44; — *perdrias*, Frbr. 1093; Enimie (B. D. p. 225); Seneq. (B. D. 204); — *portarias*, D. Prad. Vert. (z. 694); — *sabrias*, das. (z. 1392); E. Nic. (Such. D. p. 389); — *serias*, G. Folq. (Such. D. p. 277); Trésor 12,95; — *tenrias*, Agn. 80; — *trametrias*, Ross. Mich. p. 188; — *trobarias*, Hon. 48,25; — *vulrias*, L'essenh. (B. D. p. 121); — *volrias*, Agn. 3,68; Hon. 126,23.

32] Als schlechte Schreibweise ist zu erwähnen: *auries*, Guill. de Cerv. (B. Ch². 306); — *trametries*, Ross. O. 6754 (cf. Hentschke p. 32 f.).

33]   9. *ia.*

Neben der in 28 u. 29 nachgewiesenen Endung *ia* (lat. **ibat*) für die 3. Pers. Sing. Cond. II ist noch die Schreibweise *ie* vor-

handen: *aurie,* Aig. 969; Délib. etc. (B. Ch*. 393. 394); — *volrie,*
(das. p. 394); — wegen *ie* im Ross. O. cf. Hentschke p. 32 f.

34] Charakteristische Schreibweise in den gascognischen Texten
ist das Suffix *e* für *ia*: *aure,* Bagn. 1260* (Such. p. 33); Olo-
ron u. Bearn 1290 (p. 65); — *bolere* (für *volria*), Cart. de Big. 4
(p. 17); — *couiare,* Bagn. 1260 (p. 33); — *cudere,* Ste. Croix
1252(?); — *dare,* Oloron 1290 (p. 54); — *defenere,* Bagn. de
Big. 1260 (p. 34); — *fare,* Cart. de Big. 13 (p. 18); — *podere,*
Bag. de Big. 1260 (p. 33); — *poyre,* Ste. Croix 1290(?); —
tiere, Cart. de Big. 13 (p. 18); — *tendre,* St. Mich. 1236(?);
Oloron 1290(?); — *tregere,* Oloron 1290 (Bearn hat *treyre*)
(p. 67).

35]   10. *iám.*

iám (lat. **ibamus*) für die 1. Pers. Plur. Cond. II ist a u s
den Reimreihen nicht zu beweisen. Von anderweiten
Belegen führe ich folgende an: *amariam,* Don. proens. 13,45
(Hs. A); — *auriam,* Crois. 4245; — *autreiariam,* G. de Nav. 584;
— *deuriam,* Folq. de Lun. 43 (Eichelkr. p. 27); Troub. de Béz.
(Az. p. 14); — *fariam,* Crois. 2954; — *yriam,* G. de Nav. 2815;
— *metriam,* Crois. 773; — *perdriam,* G. de Nav. 3220; — *poi-*
riam, Guir. Riq. (M. W. 4,96); Brev. 2010; Crois. 4600; — *sal-*
variam, Douc. XIV. 32; — *scriam,* Troub. de Béz. (Ap. p. 14);
Crois. 5845; Frbr. 3458; G. de Nav. 2902; — *suffririam,* das.
2818; — *tendriam,* Crois. 5314; — *valdriam,* G. de Nav. 3412.

36]   11. *iátz.*

Die Trobadors weisen für *iátz* (lat. **ibatis*) als 2. Pers. Plur.
Cond. II nur folgende Reihen auf, in denen dieses mit anderen
Wörtern gebunden ist:

Aim. de Peg. 6. Guigo 2. Guill. IX. 9. G. Peire de Caz. 7. G. Mont. 14.
Guir. Riq. 15.*)

37] Die Bindung findet statt mit:

-acet (pla). Guill. Peire de Caz. 7. | -aciem (fatz). Aim. de Peg. 6.
Guir. Riq. 15. | -acies (glutz). Guill. de Mont. 14.

*) Ferner: eine sehr grosse Zahl von *atz*-Reihen ohne Cond. II.

-achios (bratz). Guill. IX. 9.
-actus (iatz). Guigo 2.
-ates (fondatz); pintatz; vertatz.
Guill. de Mont. 14.
-atis (amatz). Guill. de Mont. 14.
— (anatz). Aim. de Peg. 6. — (assatz). Guill. Peire de Caz. 7. —
(atresseyatz — ayatz). Aim. de Peg. 6.
— (cuiatz). Guill. Peire de Caz. 7. —
— (daratz). das. — (digatz). Guigo 2.
Guill. IX. 9. — (laissatz). Guill. Peire
de Caz. 7. — (purlatz). Guigo 2. Guill.
Peire de Caz 7. — (partiatz). Guill.
IX. 9. -- (sapchatz). das. — G. de
Mont. 14. -- (siatz; sobratz). Guill.
IX. 9 etc.

-atium (solatz). Guill. IX. 9. Guir.
Riq. 15. Guill. Peire de Cas. 7.
-atos (enguanatz). Guill. de Mont.
14. — (pagatz; onratz). Guill. Peire
de Caz. 7.
-atus (albergatz). Guir. Riq. 15. —
(capdellatz). Guill. Peire de Caz. 7.
— (colgatz). Guigo 2. —(datz). Guill.
Peire de Caz. 7. — (donatz). das. —
(desamatz). Guill. de Mont. 14. —
(gratz). Guill. Peire de Cas. 7. —
(levatz). Guill. IX. 9. — (merceiatz).
Guill. Peire de Caz. 7. — (meravelhatz; mullatz). Guir. Riq. 15. —
(sobratz). Guigo 2. — (sonatz). Aim.
de Peg. 6.

38] Ausserdem noch folgende Schreibweisen:

ias für *iatz*: *anarias*, Lud. St. Jac. (B. Ch³. 411); — *darias*,
Hon. 205,71; — *dirias*, Guir. Riq. (M. W. 4,248); — *serias*, Don.
procns. 18,10 (Hs. C); — *volrias*, Flamenca 3626. — Ferner:
ias: *perdriaz*, Flamenca 3610, und *ietz*: *darietz*, Daur. 183
(cf. Chabaneau, Rev. d. l. rom. 1881, II. 284).

39]   12. *ian*.

ian (lat. *ibant*) für die 3. Pers. Plur. Cond. II ist aus den
Reimen der Lyriker nicht zu beweisen.

Belegt ist *ian* durch: *ajudarian*, Douc. X. 34; — *darian*, G. de
Nav. 4975; — *dirian*, Peire Vid. (B. p. 38); Brev. 2364; Kalend.
(Such. D. p. 108); — *farian*, Brev. 3470; G. de Nav. 2213;
Kalend. (Such. D. p. 108); — *gardarian*, Douc. X. 33; — *intrarian*, Posl. pecc. ade. (Such. D. p. 192); — *poirian*, Guir. Riq.
(M.W. 4,194); G. de Nav. 756. 3236; Ross. Mich. p. 50; Brief Joh.
Cap. CO (Such. D. p. 381); -- *serian*, Douc. XV. 42; E. Nic.
(Such. D. p. 56); G. de Nav. 2857; Ross. Mich. p. 122; — *tornarian*, das. p. 110; -- *trobarian*, Hon. 25,31; - *volrian*,
Guir. Riq. (M.W. 4,214); Crois. 1410; G. de Nav. 3405.

40] Über die anderen Endungen für die 3. Pers. Plur. Cond. II
vergl. P. Meyer's Aufsatz (Rom. IX. p. 192 ff.), ferner das bei

der 3. Pers. Sing. Fut. Gesagte. Der Vollständigkeit wegen gebe ich noch folgende Belege an:

ien. amarien, Don. proens. 13,46 (Hs. A); — *aurien*, Boece 25; — *destruhyrien*, Brief Joh. (Such. D. p. 353); — *devorarien*, (das. p. 345); — *dirien*, Don. proens. 14, 6, 7 (Hss. A. C); — *dormirien* (das. 14,25. 30); — *farien*, Hon. 34,11; — *guasturien*, Brief Joh. (Such. D. p. 353); — *jurarien*, G. de Nav. 1670; — *poyrien*, Hon. 199,1; Brief Joh. (Such. D. p. 282); — *serien*, Don. proens. 18, 6, 11 (Hss. A. C); — *tendrien*, Brief Joh. (Such. D. p. 351); — *tornarien*, Hon. 198,33; — *trobarien* (das. 209,79); — *valrien*, Brief Joh. (Such. D. p. 387); — *venrien*, Hon. 199,8; — *veyrien*, das. 199,34; — *uolricn*, Don. proens. 14, 41, 42 (Hss. A. C).

41] *io. alegrario*, Serm. lim. 138,23; — *gausiro*, das. 117,7; — *iserio*, das. 140,26; — *manjario*, das. 124,19; — *nomerario*, das. 129,18; — *serio*, Charte (B. Ch³. 97); — *tirario*, Serm. lim. 129,17; — *traucario*, das. 129,17; — *veirio*, das. 135,22; — *volrio*, Charte (B. Ch⁵. 98,17).

42] *ion. aurion*, E. Nic. (Such. D. p. 56); — *poirion*, Paul de Mars. (Lévy p. 25); — *poyrion*, Saverdun 1327 (Rev. d. l. rom. 3. II. 166); — ψ*serion*, Uc de S. Circ. (B. Ch³. 155).

43] *iu*). aurin*, Charte de 1196, cf. Chabaneau, Rev. d. l. rom. 1881, I. 45.

44] *iun. vendriun*, Bertrand p. 13 (C. II. 72).

45] Endlich die gascognischen Texte. Sie bilden eine Form auf *en*: *cudren*, Ste. Croix 1252(?); — *daren*, Bagn. de Big. 1260⁸ (Such. p. 35); — *poiren*, Castelj. 1270 (Such. p. 95); — *prauaren*, Bagn. de Big. 1260³ (Such. p. 35); — *preneren*, das. p. 35.

---

*) Chabaneau, Rev. d. l. rom. 1876, I. 30.

II. TEIL.*)

Getrenntes Futur und Conditional II.

46| Im Provenzalischen wird das Fut. gebildet, indem man
das Praes. Ind. (die 1. und 2. Pers. Plur. hängt nur die End-
silben *em* und *etz* an), und das Cond. II, indem man die End-
silben des Impf. Ind. von *aver* an den Infinitiv hängt. Es finden
sich nämlich in der provenzalischen Litteratur Bildungenvon Fut.
und Cond. II, wo Infinitiv und Personalsuffix getrennt vor-
kommen, wo also die ursprüngliche Selbständigkeit des letzteren
noch erkennbar ist.

47] Die Trennung kann nun verursacht sein durch:

Personalpronomina: *me, te, se, vos. lo, l', la, l', lor.*

aseaiar m'ai (Guir. Riq. M. W. 4,53). laisaar m'ai Chelt Ils. N. 3
(Such. D. p. 307). partir m'ai (R. Ch. III. 50). repmusar m'ai (L. Rom.
I. 17). laissar m'ns (L. Rom. I. 82). albergnar m'a (Jauf. Rud. 3). aucir
m'a (R. Ch. III. 10). falhir m'a (Leys I. 220). aucir m'an (R. Ch II. 267).
essenhar t'ai Enimie (B. D. p. 228). dir t'ai (das. p. 268).

girar s'a (E. Nic., Such. D. p. 83). vengar s'a (Daur. 680) batejar
s'an (E. Nic., Such. D. p. 73). elHar s'an (Zeich d. j. Ger., Such. D.
p. 158).

amar vos ai (Daur. 575). dar vos ai (das. 972). contar vos ai (Alex.
Fragment z. 25). dir vos ai Guir. Riq. (M. W. 4,104. 111. 134. 139. 227).
Izarn (B. Ch². 188) Brev. 305. 19228. 20561. Enimie (B. D. 217. 229).
Las rasos 86,7. far vos ai Brev. 22186. mostrur vos ai Crois. 5321.
servir vos ai (B. D. p. 113). tornar vos ai Raim. Vid. (B. D. p. 167).
ajudar vos a G. de Nav. 3508. creisser vos a Bertr. de Paris (B. D. p. 88).
vengar vos a Daur. 680. ajudar vos em (L Rom. I. 162). comtar vos an
Brev. 15203. far vos an das. 18206. nomnar vos an das. 17775.

donar l'ai Daur. 135. eissorbar l'ai Flamenca 3408. enviar l'ai
(L. Rom. I. 105). far l'ai Guir. Riq. (M.W. 4,12); Daur. 973. pauzar l'ai
(R. Ch. 305). portar lai Arn. de Curc. (B. Ch². 259). Enimie (B. D. p.257).
preyar l'ai Guir. Riq. (M.W. 4,7). saludar l'ai Arn. de Curc. (B. Ch². 259).
comtar l'as L'essenh. (B. L. 55). cortlar l'us (B. D. p. 117). amar l'a
Serm. lim. 136,6. creysser l'a Guir. Riq. (M.W. 4,76). menar l'a (L. Rom.
I. 68). soffrir l'a Brev. 18906. trobar l'em Guill. Fig. (Lévy p. 51).

---

*) Vergl.: Mémoires de la Curne de Ste.-Palaye, T. XXIV. p. 671 des
10. Bandes der Ausg. seiner Dictionnaire. Bertrand p. 26 ff. Hentschke
p. 32.

menar l'avez*) Daur. 1862. metre l'etz**) (B. Ch'. 330). tornar l'an (B. Gr. 221).

far lor ai (L. Rom. I. 325).

48] Zwei zusammenstehende Personalpronomina: *me lo, lo t', le (lo) vos, la vos.*

laissar mo ai (?) Guill. de Berg. (Kell. XI. 27).
donar lo t'ai Uc de S. Circ. 16.
adur lo us ai (L. Rom. I. 83). aseiar le vos ai Ross. O. 166.
laissar la vos a Brev. 22789.

49] Die Partikel *en, ne.*

mentir n'ai Bertr. de Gordo 1. dir n'a Troub. de Béz. (Az. p. 118).
Tenso (B. D. p. 134). creisser n'etz Guir. Riq. (M. W. 4,147). dar n'etz
Crois. 7884; G. de Nav. 4070.

50] Die Partikel *en, ne* verbunden mit einem Personalpronomen:
t'en, nos n', vos en, (n'), l'en.

tornar t'en as G. de Nav. 4841. far t'en a G. de Nav. 125.
iasir nos n'em Flamenca 41. tornar nos n'em Daur. 1842.
atornar vos en ai Ross, O. 5150. dir vos n'ai Guir. Riq. (M.W. 4,172);
Brev. 2232. far vos n'ai Troub. de Béz. (Az. p. 95). menar vos n'é (ai)
Ross. O. 4628 (cf. Hentschke p. 54 Anm. 9). •
pregar l'en ai (L. Rom. I. 130).
mudar lanz em Flamenca 3521.

51] Wie die Belege zeigen, wird bei den getrennten Formen stets der unverkürzte Infinitiv gesetzt. Interessant ist, dass wir auch Belege für *partir (partir m'ai)* finden, wo sonst Syncope des Bindevokals eingetreten ist, und für *metre (metre l'etz?),* wo der Stützvokal sonst im Tonvokal aufgeht.

52] Bis zu welchem Jahrhundert und in welchem Masse dies getrennte Futur zur Anwendung kam, vermag ich nicht festzustellen; jedenfalls ist es ziemlich allgemein und oft gebraucht (cf. a. Serm. lim. 136,6), und begegnet auch schon in der lateinischen Vulgärsprache (cf. Rönsch: »Itala und Vulgata«, Zeitschr. f. r. Phil.). Die getrennten Formen der ersten und zweiten Pluralis lassen übrigens erkennen, dass die Endsilben des Praes. Ind. ihre Natur als Verb ganz aufgegeben haben; sie sind gleichsam zu Personalsuffixen herabgesunken.

---

*) Chabaneau i. d. Rev. de l. rom. 1881, II. 259: Si une correction est necessaire, la bonne serait évidemment menar l'an etz.

**) Vergl. Bertrand p. 27.

Aueg. u. Abh. (W o l f f).   2*

53] Denselben Grund, welchen Bertrand für das seltene Vorkommen der 1. und 2. Pers. Plur. des Futurs angiebt, muss man auch für das des getrennten Conditional II anführen: die Endsilben des Impf. Ind. hatten alleinstehend keinen grammatischen Wert und wurden deshalb, getrennt vom Infinitiv, selten oder gar nicht gebraucht. In der gesamten von mir durchgearbeiteten Litteratur habe ich daher nur einen Beleg des getrennten Conditional II gefunden, und zwar bei Paulet de Marseille I. 3 (ed. Lévy p. 11,30): *dar la m'ia*. Nach Bertrand p. 30 sollen jedoch auch bei den ältesten iberischen und lusitanischen Dichtern solche Fälle vorkommen.

III. TEIL.

Syncope des Ableitungs- und Bindevokals im Fut. und Cond. II.

1) a-Conjugation*).

54] Sämtliche Verben dieser Klasse bilden Fut. und Cond. II, indem sie die unter 1) aufgestellten Suffixe an den unveränderten Infinitiv hängen. Da nun die a-Conjugation am stärksten vertreten ist, im Allgemeinen auch keine Abweichungen von der soeben aufgestellten Regel zeigt, so erachte ich es als überflüssig, Belege für dieselbe hier einzeln anzuführen.

55] Zu erwähnen ist jedoch, dass ausnahmsweise Bildungen auftreten, wo das *a* der Infinitivendung zu *e* geschwächt ist, so bei:

Aim. de Peg. 16. Gui d'Uis. (Such. D. p. 329). Guill. IX. 9. Peire Card. 42. 50. Peirol 6. Sordel 21. Troub. de Béz. (Az. p. 87). Aig. 888. 1164. 1245. Brev. 26080. 29556. Crois. 2093. D. Prad. Vert. 1266. 1516. E. Nic. (Such. D. p. 79). Frbr. 1429. Hon. 54,6. Juufre (Such. D. p. 309).

---

*) Wie schon in der Einleitung bemerkt, folge ich in der Anordnung der Verben der Dissertation von Aug. Fischer (A. u. A. VI), schicke jedoch in jeder Conjugation die aus vollem Infinitiv gebildeten Formen voraus.

56] In den gascognischen Texten:

Gabarret 1268 (Such. p. 88). L. d'or 1265 (fol°. 66) (?)*). Meillan 1276(?). Mars. 1256. Ste. Croix 1235. Bord. 1238 (Such. p. 83,120. 125).

57] Ganz unregelmässig gebildet ist in den Rasos, ed. Stengel Hs. B p. 76,3. 10. 11: *donrai*, wogegen Hs. C das. 76,3. 10 und Guess. II *donarai* setzen. Über die a-Conjugation im Guir. de Ross. vergl. Hentschke**) p. 32 ff.

2) i-Conjugation.

58] Die Mehrzahl dieser Verben bildet das Fut. und Cond. II vom vollen Infinitiv, während der Rest den Ableitungs- oder Bindevokal syncopiert.

Eine besondere Schwierigkeit in der Behandlung dieser Conjugation liegt darin, dass die 2. und 3. Pers. Sing. und die 3. Pers. Plur. des Futurs und die entsprechenden Personen des Conditionals I (vom lat. Plusquamperfekt abgeleitet) änsserlich gleich sind; z. B. sind: *dormiras, dormira, dormiran* Formen beider Tempora. Nur im Reime ist eine Unterscheidung mit Hülfe des Rhythmus möglich: denn im Fut. liegt ja der Ton stets auf der letzten, im Cond. I aber auf der vorletzten Silbe. Ausserhalb des Reimes, selbst in der Cäsur, ist nur durch Construktion oder Sinn des Satzes das Tempus festzustellen.

59] a. Der Stammvokal ist bewahrt in:

afortir (afortirem). G. de Nav. 1000. desafortir (desafortirai). Guir. lo Ros. 1.
afranquir (afranquira). E. J. VIII. 32 (Woll.).
afrevolesir (afrevolezira). Prise de Dam. 776.
audir. (audirai). G. de Nav. 710. — (audiran). Bagn. de Big. 1260. Tarb. 1281 (Luch. p. 32. 38). —

(ausirai). Agn. 27. 1325. — (ausiretz). B. de B. 215 (Stim.). Hon.70,32.105,26. — (auzirai). P. Rog. (App. p. 64). G. de Nav. 2784. — (auziras). Frbr. 845. Hon. 58,5. — (auzira). Pistol. 5. E. Nic. (Such. D. p. 76). — (auzirem). P. Rog. (App. p.52). — P. Vid. (Ba. p. 49). — (auziretz). Guir. Riq. (M. W. 4,211). P: Vid. (Ba. p. 3). — (auziran). Guir. Riq. (M. W. 4,210).

---

*) Die mit (?) versehenen Belege sind von Luch. nicht im Texte, sondern nur im Glossar angeführt.
**) Die Verbalflexion in der Oxf. Hs. des Gir. de Ross. Halle 1882, von G. Hentschke.

E. J. V. 25 (Woll.). — (auriretz). (B.
D.300,4). — (auvira). B.Ch'.14,12).
aïr (aïra). Ross. 365. — (aïran).
E. J. III. 20 (Woll.).
bastir (bastirem). Crois. 7434. —
(bastiretz). Ross. 674.
boillir (boillira). Agn. 1193.1194.
cauzir (cauziran). Brev. 17973. —
(cauziria). El. de Barj. 5.
complir (compliran). D.Prat.Vert.
p. 21. — (compliria). Douc. XV.38.
delir (delira). Post. Pecc. Ade
(Such. D. p. 177).
destruir (destruirai). P.Vid. (Ba.
p. 59). E. Nic. (Such. D. p. 58). —
(destruira). G. de Nav. 1920. E. Nic.
(Such. D. p. 52). — (destruiretz).
Crois. 8151. — (destruirian). Douc.
p. 150.
dormir (dormirai). Brev. 28874.
Frbr. 2459. — (dormiras). (Such. D.
pp.109.207. — (dormira). Flamenca
6159. — (dormirian). Donatz. proens.
14,24 u. 30.
enantir (enantiretz). Guir.Riq.(M.
W. 4,145).
enbadir (enbadira). Oloron 1290
(Luch. p. 58).
envanesir (envanezira). Douc.IX.1.
escarnir (escarnira). E.Nic.(Such.
D. p. 77).
esclarcir (esclarcira). Alex. (Such.
D. p. 144).
escursir (escurzira). Sibyll. (Such.
D. p. 464). ·
establir (establirai). Crois. 5753.
— (establirem). G. de Nav. 3860. —
(establiran). Crois. 60.

falhir*) (falhira). Brev. 10374 r.
13490 r.· Brief Joh. (Such. D. 361).
— (falhirem). Crois. 4742-r. 4778 r.
— (falhiretz). Brev. 22889. Crois.
3897 r. 5393 r. 8159 r. — (falhiran).
P.Card.4. — (falhiria). Brev.1995 r.
— (faillirai). Guir. de Born. 2. —
(failliras). D.Prad.Vert.338r. (Stick.
p.31). — (fnillira).Hon.24,22. 73,23 r.
— (failliran). Caden.3. Guir.de Born.
47 r. — (failliria). Bertr.de Gordo 1.
— (falirai). Frbr. 718. — (falirem).
das. 2095. — (faliran). das. 3369.
finir**) (finirai). Folq. de Mars. 18.
P. Vid. 38. — (finira). 15 Zeich. d. j.
Ger. (Such. D. p.157). — (finiran).
Hon. 152,17.
fremir (fremiran). 15 Zeich. d. j.
Ger. (Such. D. p. 162).
fugir (fugira). Flamenca 7542.
Ross. 491. — (fugiran). Brev. 23057.
Prise de Dam. 738. — (fugira).
Blac. 6. Crois. 2964. —· (fugirian).
Crois. 1414. G. de Nav. 3050.
garnir (garnirai). G.de Nav. 2544.
Ross. 438. — (garnirem). G. de Nav.
1091. Ross.104.
glatir (glatiran). Sibyll. (Such.D.
p. 466).
grupir (grupirai). E. J. (B. Ch'.
11,21).
gausir (gausirai). Arn. Dan.
(Can. p. 114). — (gausiras). Seneq.
(B. D. p. 201). — (gauzirai). Jauf.
Rud. 5. — (jaucira). P. Card. 11.
— (jauciria). Garin d'Ach. 7. — (jau-
zirai). Guill. Adem. 4. P. Rog. (App.
p. 58). P. Vid. (Ba. p. 72). — (jau-

---

*) Ross. zeigt durchweg *faldrai*, *falhdrai* etc. in Mss. P und L,
faudrai in Ms. O, also Syncope des *i* mit euphon. *d*.

**) Frbr. 104. 580. 587 bietet Formen vom Inf. *finar*, welcher weniger
gebräuchlich ist.

zira). Jauf. Rud. 4. — (esjauvira).
E. J. (B. Ch². 14,31. 88).
issir (issirai). Paul. de Mars. (Lévy
p. 19). G. de Nav. 2712. — (issira).
Brev.12084. G.deNav.3741. 15 Zeich.
d. j. Ger. (Such. D. p. 159). — (issi-
rem). Daur.1703. — (issiretz). G. de
Nav. 2094. — (issiran). Brev. 1618.
E.J.V.29(Woll.). Serm.lim.118,33.—
(issiria). Brev. 11700.11704. G. de
Nav. 964.
legir (legirem). Crois. 4753.
Planch. d'Est. (Rev. de l. r. II. 140).
Mart. de St. Et. (B. Ch². 21,24). —
(legiran). Brev. 154. — (legiria).
Brev. 34319.
mentir*) (mentirai). 15 Zeich. d.
j. Ger. (Such. D. p. 164 r.). — (men-
tira). Guir. Riq.(M.W.4,103)r. Ross.
123. — (mentirem). E. Nic. (Such.
D. p. 31) r. — (mentiretz). Crois.
5405 r. — (mentiria). Aim. de Sarl.
2 r. Peirol 6 r. Ross. Mich. p. 86.
(Ms. O z. 3389 bat mentirie und Ms. L
z. 481 mentireie). — (desmentiriatz).
Brev. 30906. — Daneben: (mentrai).
P. Guill. (B. Chr². 265,30). — (men-
tretz). G. de Nav. 3338. — (mentran).
das. 3880 r. — (mentria). Gavauda
6 r. Guir. Riq. 85 r. Sordel 21 r.
noirir (noirirai). Daur. 656. —
(noirira). das. 663. — (noirirem).
das. 740.
obezir (obeziretz). Crois. 3889.
obrir (obrira). Brev. 11683. 13481.

omplir (omplirem). Crois. 7176.
perir (perira). Sibyll. (Such. D.
p. 466). — (periran). E. J. X. 28
(Woll.). E. Nic. (Such. D. p. 74).
— (periria). Douc. X. 20,36.
replenir (replenira). Prise de
Dam. 742.
poirir (poiriran). Troub. de Béz.
(Az. p. 13).
punir (puniria). Douc. XI. 7.
possessir (possessiran). Doctr.
(Such. D. p. 252).
querir**) (queriretz). Frbr. 761.
— (querriran). Guill. de Berg. 18. —
(conqueriran). Crois. 5305. — (con-
queririan). G. de Nav. 325. — (enre-
querirai). Guill. de la Tor. 7.
regir (regiran). Douc. X. 35. Hon.
58,19.
saisir (saisirai). Ross. 219. —
(saziretz). Ross. 588.
salhir†) (saliretz). Frbr. 4620. —
(saliran). das. 3059. — (salliras).
Diät. (Such. D. p. 202. 215 r). — (sal-
hirem). Crois. 4758 r. Frbr. 3485.
sebelir (sebeliras). Poet. pecc. Ade
(Such. D. p. 176). — (sebeilliran).
P. Card. 54.
*seguir (seguiran). Brev. 17653.
Brief Joh. (Such. D. p. 369). — (is-
seguiran). Brev. 17611.
sentir (sentirai). Pons. de Capd.
Unechte L. IV (Nap. p. 101). Leys
d'am. I. 230. — (sentiras). D. Prad.
Vert. (Stick. p. 80.89 r. — (sentira††).

---

*) Ein den Belegen hinzugefügtes r bedeutet: im Reim. Entgegen
S. 2 habe ich nun doch mentir hier eingereiht, ebenso unter 60 partir.

**) querre und segre siehe stammbetonte Verben.

†) Salhir bildet auch, jedoch nur im Ross., besondere syncopierte
Formen mit euphon. d, z. B. alsaldrem 551, saldria 534.

††) R. Weisse: »Die Sprachformen Matfre Ermengan's«, § 36 p. 22,
giebt diese Formen unter: Ausnahmen.

Brev. 11589. 20158. — (cossentira*).
Brev. 27670 r. — (consentiria). G. de
Nav. 1826 r. 2690 r.
servir (servirai). Bern. de Prad. 3.
Peirol 15. Brev. 30886. Jauf. (Such.
D. p. 303). — (serviras). Brev. 22160.
Serv. (Such. D. p. 266). — (servira).
Guill. Fig. (Lévy p. 73). Flamenca
3790. — (servirem). Crois. 7905. —
(serviretz). Hon. 59,37. — (serviran).
Guir. de Born. 41. Hon. 58,2. —
(serviria). Gar. lo Brun. 1. Guir.
Riq. 1.
sofrir (sofrirai). Bertr. 2. El. Fons. 1.
Guir. de Born. 34. Ponz. de Capd. 9.
P. Vid. 23. — (sofriras). Brev. 8172.
— (sofrira). Calend. (Such. D. p. 122,
123, 124). — (sofriria). Caden. 18.
— (sofriran). Brev. 16049. Troub.
de Béz. (Az. p. 14). — (soffrirai).
Guir. lo Ros. 1. — (soffriretz). Raimb.

60] b. Syncope des *i* tritt ein:
cobrir (cobrem) Crois. 4736. —
(cobretz). G. de Nav. 2320. — (cobria).
Hon. 53,10. — *Daneben:* (descobri-
retz). G. de Nav. 2088.
ferir (ferrai). Frbr. 2354. Fla-
menca 4414. Hon. 45,5. — (ferras).
P. Card. 27. — (ferra). Ross. 38. —
(ferrem). B. de B. (Stim. p. 171). —
Daur. 34. — (ferran). Guir. de Born.
46. Brev. 23056. Ross. 119. — (enter-
ferran). E. Nic. (Such. D. p. 78. —
Daneben: (ferira). Oloron 1290
(Luch. p. 63). — (ferirem). Crois.
4760. — (feriretz). G. de Nav. 2074.
garir (garai). Sordel 31. — (gar-
rai). Peirol. 22. — (garra). Flamenca
898. Ross. 183. — (gurria). Douc.
234,24. — (guarra). Jauf. (B. Ch*. 248).

d'Aur. 25. Crois. 3881. G. de Nav.
2290. — (soffriria). Graf v. Rod. 2.
— Guir. de Born. 70. — (sufrirai).
P. Vid. (Ba. p. 68). Troub. de Béz.
(Ap. p. 16). — (sufrira). Brev. 34293.
E. Nic. (Such. D. p. 42). — (sufri-
ran). Guir. de Born. 39. E. Nic.
(Such. D. p. 73. 76. — (sutfrirai).
Guir. Riq. (M.W. 4,4). — (suffrira).
Calend. (B. D. p. 318). — (suffriria).
Brev. 11970. 30083. — (suffririam).
G. de Nav. 2818.
trair (traira). E. J. (B. Ch*. 9,35).
— (trairia). das. 9,11.
tremir (tremira). Brev. 16130. —
(tremiran). Brev. 16148.
vestir (vestirai). Troub. de Béz.
(Ap. p. 87). Ross. 282. — (vestira).
Gabarret 1268 (Luch. p. 87. — (vesti-
ran). Crois. 60.

— (germi). Gauc. Faid. 44. Guir. de
Born. 63. 78. — (guerran). Brev. 17801.
— *Daneben:* (guerira). Ross. 60. —
(gueriria). Ferbr. 1955. 2716.
merir (merrai). Guir. de Born. 18.
Bertrand p. 17.
morir (morai). Ponz. de la Garda 3.
Agn. 508. Daur. 869. Ross. 619. —
(moras). Brev. 5326. Diät. (Such. D.
p. 206). — (mora). Brief Joh. (Such.
D. p. 358). — (moretz). Tenzone (Such.
D. p. 335). G. de Nav. 3336. 3691. —
(morrai). Arn. de Mar. 2. 11. Bern.
Marti 4. Blac. 6. El. Fons. 1. Gauc.
Faid. 63. — (morras). Gar. lo Brun. 1.
Guir. de Born. 26. E. Nic. (Such. D.
p. 24). — (morra). Brev. 16597. Crois.
1099. Daur. 591. — (morrem). P. Vid.

---

†) *Cosentria*, Arn. de Mar. 5 r. (nur in C) und *consentria*, Hon.
79,58 r., sind zu *consentia* zu bessern.

(Ba. p. 50). Brev. 31554. — (morretz). | Blac. 6 r. Gauc. Faid. 11. 44 r.
Brev. 8098. Crois. 8134. G. de Nav. | Guir. de Born. 78 r. G. Riq. (M.W.
2824. — (morran). P. Card. 2. Brev. | 4,125). Jauf. Rud. 2 r. Peire de
15931. Crois. 2093. — (morria). Bertr. | Barj. (B. Cb². 198) r. P. Brem. 1 r.
d'Alam. 23. Raimb. de Vaq. 9. Ug- | P. Rog. (App. p. 62) r. P. Vid. (Ba.
net. 1. — (murrai). B. de V. 17. | p. 43). Peirol. 15 r. Pons de Capd.
Guir. Riq. 1. 9. Peirol. 2. Frbr. 1753. | 23. 25 r. Unechte L. l. (Nap. 96) r.
— (murretz). G. de Nav. 3795. — | Raim. Guill. 1 r. Rich. de Berb. 8 r.
(murran). Crois. 6830. — (murria). | Sordel 31 r. Anon. 42 r. 196 r. 198 r.
Caden. 14. — Daneben: (morirem). | Ball. & dans. (B. Cb². 244) r. Ross.
Crois. 8072. — (moriran). Brev. 20159. | (Mich. p. 255). Hon. 25,9. — (par-
— (moriria). L. d'amore II. 342,10. | trus). Hon. (R. L. IV. 436). — (partra).
partir*) (partmi). Bern. de Tot- | Frbr. 3213. — (departra). Douc. X. 25.
lo-Mon. 1 r. Bertr. d'Alam. 23 r. | — (partrem). Crois. 4781 r. 7121. —

---

*) *Daneben:* (partirai). Arn. de Carc. B. Cb². 25 r. (vergl. Bertrand
p. 18, ferner R. Ch. II. 279; Riv. de f. rom. I. 38,40, hier nach I und R
abgedruckt. Ztschr. f. rom. Phil. II. 498 stehen die Varianten von G zu I.
Es ergiebt sich hieraus für R: »Que ja de lui nom partirai«, aber für G-I:
»E jamais de lui nom part(i)rai«, was das Richtige ist. Stengel emen-
dierte irrtümlich: »E ja de lui nom partirai«, wie auch B. Cb². 259 liest).
— Guill. Aug. 5 r., wie Guill. de la Tor. 7 r. haben »part(i)rai«, beide
Male aber nur in D, was des Verses wegen mit den anderen Hss. in
»partrai« zu ändern ist. — Paul. de Mars. 4 r. (ed. Lévy 18,58 nach C):
»Dat mon cor, nol partirai« ist leicht zu: »Dat mon cor, ja nol partrai«
zu bessern. — Ebenso Peirol 14 r. R u. S. = partirai, E = partiris · ·
Die von R. L. IV. 436 angeführte Stelle für »partirai« aus Raimb. de
Vaq. (ausser Reim) wird von C. E. (M. G. 525. 526) zwar auch geboten,
lässt sich aber leicht zu »partrai« emendieren, durch Hinzufügung von
eu oder *doncs*.

Zu erwähnen wären noch einige Belege für die nichtsyncopierten For-
men, welche aber sämtlich frankoprovenzalischen Ursprung haben, oder
sehr späten Texten angehören. So: Ross. Mich. p. 53 (O. z. 2297) r.;
Frbr. 1306; Hist. abrégée de la Bible (B. Cb². 391) haben »partirai«. —
(partiras). D. Prad. Vert. (Stick. p. 79). — (partira). Crois. 1560. 4956.
Enimie (B. D. p. 253). Frbr. 4364 r. Ross. P. O. L. 551. Calend. (Such.
D. p. 123,13. 16). — (partiretz). Crois. 5369 r. — (departires). Flamenca
5865. — (partiran). Frbr. 1480. 4947. Lud. S. Jac. (B. Cb². 412) r. Ross.
P. 673 (O. hat »partirunt« und L. fehlt). 15 Zeich. d. j. Ger. (Such. D.
p. 159) r. Serm. lim. 125,24.

Endlich: (partiria). El. de Barj. 8 r. nach R (M. G. 1072); in R²
(M. G. 1024): »De chantar don ieu me partia«; a p. 185 liest: »De chan-
tar de cui me parria« (welches auf *partia* deutet), und Cobla 4 hat a:
»E serai e no m'en partria«; also ist auch dieser Beleg unsicher.

(partretz). Bertr. de Par. (B. D. p. 68).
—Guir. Riq. (M.W. 4,242). Crois. 5426
r. Ross. 668. — (partran). Peirol 29 r.
Ponz. de Capd. 19. Preb. de Val. 1 r.
Brev. 18130. 32771. Daur. 1394. —
(partria). Bereng. de Pal. 1 r. Bertr.
2 r. Folq. de Mars. 21 r. Granet 2 r.
Guill. IX. 9. r. G. Aug. 5 r. G. de
Cabat. 6 r. Gui d'Uis. 16 r. — Guir.
Riq. (M.W. 4,50) r. Ponz. de Capd.
1S r. (z. 14 u. 31 r.). — Raimb. de
Vaq. 9 r. S. Circ. 26 r. Agn. 1450 r.
Brev. 1755 r. 28200. Chelth. Hs. Nr.
439. 32,33 r. (Such. D. p. 329). Las
rasos 86,45 (Hs. B).*)

penedir (penedran). E. Nic. (Such.
D. p. 73).

plevir**)(plivrai). Raimb. d'Aur. 8.
Diez Grm. II. 193.

repentir (arepentran). G. de Nav.
866.

tenir *siehe* tener *in der e-Conjugation.*

venir (venrai). Troub. de Béz. (Az.
p. 41). Aig. 1151. E. J. (B. Ch*. 10,11).
— (venras). Brev. 26820. Post. pecc.
Ade (Such. D. p. 170). - (venra).
Jauf. Rud. 3. Brev. 1336. Frbr. 4361.
— (venrem). Agn. 807. Brev. 25562.
E. Nic. (Such. D. p. 77). — (venretz).
Frbr. 3486. Ross. 558. — (venran).
Guir. de Born. 31. 41. Hon. 58,1.
Prise de Dam. 798. — (venria. 1. s.)
E. Nic. (Such. D. p.16). Don. proens.
15,5. — (venria. 3. s.). Brev. 12299.
Douc. X. 36. Hon. 103,34. — (venrian). Hon. 199,8. -- (avenra). Frbr.
3705. 15 Zeich. d. j. Ger. (Such. D.
p. 163.164). — (avenria). Jauf. (Such.
D. p. 302). — (co[n]venra). Agn. 43.
Daur. 125. Frbr. 2091. — (conven-
ria). Douc. XI. 5. -- (endevenras).
Seneq. (B. D. p. 193). — (esdevenra).
Prise de Dam. 828. — (esdevenrem).
E. Nic. (Such. D. p. 47). — (esde-
venran). Prise de Dam. 730. — (es-
devenria). Hon. 53,7. — (revenra).
Prise de Dam. 742. — (revenran).
das. 743. -- *Daneben mit Einschub
eines euphonischen* d: (vendrai). G.
de Nav. 4263. — (vendras). L'essenh.
(B. D. p. 123). — (vendra***). Crois.
2743. Daur. 155. Frbr. 1791. Castelj.
1256 (Luch. p. 80). — (vendrem).
Crois. 4783. G. de Nav. 2157. 3856.
— (vendretz). G. de Nav. 1663. 2056.
Lud. S. Jac. (B. Ch*. 406). — (ven-
dran). Crois. 1397. 4762. G. de Nav.
4825. Brief Joh. (Such. D. p. 370). —
(vendria). G. de Nav. 4127. 4304. —
(devendran). Crois. 7179. 15 Zeich. d.
j. Ger. (Such. D. p. 159). -- (esde-
vendran). Ross. 414. — (sovendra).
Crois.2748.— (redevendretz). Ross.243;
daneben ferner: (venrra). E. Nic.
(Such. D. pp. 59. 80. 82). — (venrran).
Hon. 101,12. E. Nic. (Such. D. p. 70).
— (venrria). Hon. 48,29. — (esde-
venrria). das. 43,34. 48,7.29; *end-
lich in den gascogn.Texten:* (benera).
Rig. 1251 (Luch. 23,10). — (biera).
Marsan 1256 (Luch. 81,3). Bordères
1272 (?). — (vieren). Oloron 1290
(Luch.54,12). .— (bieran). Béarn 1290
(Luch. 54,12). Ste. Croix 1291 (?).

---

*) In der Anmerkung hatte Stengel seiner Zeit nach Hs. C und Guess.
irrthümlich *partiria* zu bessern vorgeschlagen.

**) Über *plevirai* etc. Ross. 548 vergl. Hentschke p. 32.

***) *vindra* etc. für *vendra* begegnet häufig in: Crois., Prise de Dam.
und den gascogn. Texten.

3) e-Conjugation, welche den Ableitungs- resp. Bindevokal der Regel nach aufgiebt.

61] a. *e* ist erhalten in:

osser (coserai). Daude Prad. (B.
Ch°. 179,13).
doser (dozera) E. J. (B. Ch°. 11,43).
estorser (estorserets). E. Nic. (Such.
D. p. 58).
laser (lasera). Sibyll. (Such. D.
p. 464).
noser (nosera). Brev. 27669. —
(noseria). Guir. Riq. (M. W. 4,133).
8. Ciro. 26. Brev. 7010. Don. proens.
p. 15.

temer (temerai). Agn. 42d. —
(temera). Guir. Riq. (M. W. 4,115).
— (temeran). Crois. 3773. E. Nic.
(Such. D. p. 76).
venser (venserai). Brev. 29438. —
(venseras). Ross. 369. — (vensera).
Douc. IX. 43. — (venserem). Ross.
149. — (vens(s)eria). El. Cair. 8.
Guill. de Berg. 5. — (vencera*).
Crois. 2746. — (venceran). Guir. de
Born. 39.

62] b. *e* ist syncopiert in:

aver (aurai). Aim. de Bel. 14.
Arn. de Mar. 22. · B. de V. 43.
Blac. 6. El. Cair. 10. Guill. Adem. 4
etc. — (auras). Guir. Riq. 55. Mönch
11. P. d'Alv. 10. Daur. 1158. Frbr. 843.
Hon. 63,19. — (aurem). Guir. Riq.
(M. W. 4,117). Tomier 1. Aig. 106.
Brev. 9365. Charte (B. Ch°. 55). G. de
Nav. 4614. — (aurets). Guir. del
Oliv. 5. Mrcbr. 1. Raim. de Durf. 1.
Crois. 3877. Frbr. 1606. Hon. 8,7. —
(auran). El. Cair. 13. Gauc. Faid. 22.
Guir. de Cal. 5. Preb. de Val. 1.
Anon. 200. Serv. (Such. D. p. 265).
— (auria). Caden. 19. Guir. Riq. 85.
Charte (B. Ch°. 48). Crois. 273. Daur.
1526. G. de Nav. 550. — (aurias).
Guill. de Cerv. (B. Ch°. 306). G. de
Folq. (Such. D. p. 277). D. de Prad.
Vert. (Stick. p. 50). Aig. 872. 958.
L'essenh. (B. D. p. 117). — (auria).

Guir. Riq. 59. Douc. XII. 6. Frbr. 2033.
G. de Nav. 314. Ross. Mich. p. 112.
Serm. lim. 137,7. — (auriam). Crois.
4245. — (auriatz). Brev. 2823. G. de
Nav. 4266. Ross. Mich. p. 96. —
(aurian). Boece 25. Brev. 23099. Ross.
Mich. p. 101. — *Ausserdem:* (arai).
Daur. 299. — (auerai). Ross. O. 3402.
— (auront). das. 2515. — (averen).
Deliber. de la com. de Tarasc. (B. Ch°.
396,19. — (avero). *vergl.* Bertrand
p. 16 Anm. 12. — *Ferner bieten die
gascognischen Texte für die 3. Pers.:*
(abera). Oloron 1290 (Luch. p. 22. 26).
— (auera). Bagn. de Big. 1251 (das.
p. 58). — (aueran). Cart. de Big.
(das. p. 13).
caler (calrai, caldrai). cf. Bertrand
p. 15. — (calra). Douc. III. 4. Izarn.
(B. Ch°. 190). — (calria). Folq. de
Mars. (B. Ch°. 122).

---

*) D. de Prad. Vert. (Stick. p. 58 z. 778) *vencras.* Hier ist wohl ein
Inf. *vencre* anzusetzen.

caser (cairai). cf. Bertrand p. 15.
— (cairas). D. Prad. Vert. (Stick.
p. 41. — (caira). E. Nic. (Such. D.
p. 77). Raim. Vid. (B. Ch². 224). —
(cairan). Brev. 16142. E. Nic. (Such.
D. p. 78). Sibyll. (Such. D. p. 404).
15 Zeich. d. j. Ger. (das. p. 158). —
(dechairetz). Guir. Riq. (M.W. 4,241).
— (dechairia). Caden. 8. — (quaira).
Boece 157.
dever (devrai). Guir. de Born. 63.
E. Nic. (Such. D. p. 2). Post. peco.
Ade (Such. D. p. 168). Castelj. 1270
(Luch. p. 93). – (devras). D. Prat.
Vert. (Stick. p. 41. 42. 49. 69). –
(devra). Crois. 3900. E. Nic. (Such. D.
p. 33. 65. 68). — (devretz). Brev.
29042. Frbr. 3228. Ross. 220. — (de-
vria). Bonif Calv. 12. Lamb. de Bon. 4.
Mrcbr. 1. — (devrias). Agn. 373. —
(devria). Aim. de Peg. 43. Bertr. del
Pog. 2. Bonif. Calv. S. Guill. Fiq. 5.
Guir. Riq. (M. W. 4,162). Ric. de
Berb. 9. — (devriam). Folq. Lun.
(Eich. p. 27). Troub. de Béz. (Az.
p. 14). Crois. 6496. — (devriatz).
Raim. Vid. (B. D. p. 168). Crois. 5075.
G. de Nav. 1590. Serm. lim. 132,56.
— (devrian). Crois. 215. 1568.
jazer (jarrai). cf. Bertrand p. 16.
— (jaira). Code Just. (B. Ch². 300).
— (jairetz). Folq. Lun. (Eich. p. 32).
— (jairan). Brev. 16048. — (jharai).
Agn. 772.
mover (movrai). Peire d'Alv. 23.
Ross. 114. — (movra). Ross. 130. 253.
Serm. lim. 135,16. — (movrem). Ross.
103. — (movretz). Ross. 234. —
(movran). Brev. 17345.
parer*) (parrai). Bertrand p. 16.

—(parras). Peire d'Alv. 10. — (parra).
Guir. de Born. 16. Jauf. Rud. 5.
Brev. 16199. Frbr. 4382. G. de Nav.
917. Sibyll. (Such. D. p. 464). —
(parria). Guir. Riq. (M. W. 4,84).
Mönch 7. Brev. 1626. 5776.
permaner (permanra). E. Joh. (B.
Ch². 11. 12). — (permanretz). (das.
12). — (permanran). (das. 12). — (re-
manrai). El. Cair. 10. Guir. Riq. (M.W.
4,4. 9). Enimie (B. D. p. 242). — (re-
manras). E. Nic. (Such. D. p. 396).
— (remanra). E. Nic. (Such. D. p. 62).
Frbr. 4247. Hon. 53,12. — (reman-
ran). A. P. R. 8,84. — (remanria).
Brev. 427. 7506. – *Mit euphonischem*
d: (remandrai). Crois. 1137. 6683. —
(remandras). Guir. de Born. 79. —
(remandra). Frbr. 2678. Ross. 216. —
(remandretz). Crois. 3874. Frbr. 2870.
G. de Nav. 2104. -- (remandran).
G. de Nav. 240. Ross. 566. — (re-
mandria). Crois. 1127. — (reman-
drian). Crois. 2124. G. de Nav. 4058.
— *Ausserdem:* (remanrria). Hon.
89,17.
poder (podrai). Ross. 178. — (po-
drem). Charte (B. Ch². 56). — (po-
dretz). Guir. Riq. (M.W. 4,178). —
(podria). G. de Nav. 757. — (porai).
Cerc. 2. Guir. de Born. 81. Peire
Vid. 22. Agn. 946. Brev. 31607. Crois.
3651. — (poiras). Gar. lo Brun. 1.
Peire Rog. (App. p. 57). Benez. (Alb.
p. 5). Brev. 26139. Crois. 3645. Diät.
(Such. D. p. 206). — (poira). Arn.
Dan. (Cnn. p. 95). Serv. 15. Brev.
16275. Diät. (Such. D. p. 205). Sibyll.
(das. p. 466). Serm. lim. 128,10. —
(poireu). Agn. 1430. Brev. 18074.

---

*) E. Nic. z. 2623 bietet *aparera*, welches von Suchier zu *aparra*
verbessert ist.

Crois. 3679. E. J. XIV. 5 (Woll.).
Ross. 513. — (poiretz). Guir. Riq.
(M. W. 4,154). Troub. de Béz. (Az.
p. 39). Brev. 24922. Crois. 3893.
Ross. 145. — (poiran). B. de B. 22.
Peire Card. 52. Agn. 478. Brev. 16066.
— (poiria). S. Circ. 26. Crois. 1340.
Flamenca 3351; 5242. Las rasos 85,32.
— (poirias). Diät. (Such. D. p. 206).
Seneq. (B. D. p. 204). — (poiria).
Arn. Dan. (Can. p. 99). Guir. Riq.
(M.W.4,180). Daur. 271. Douc. IX. 39.
— (poiriam). Guir. Riq. (M.W. 4,96).
Crois. 4600. — (poiriatz). Raim. Vid.
(B. D. p. 166). — (poiriun). Guir. Riq.
(M. W. 4,194. 218). Ross. 133. —
(poyrai). Guir. Riq. (M.W.4,2). Frbr.
997. 3266. Hon. 28,25. Kindh. Jes.
(B. D. p. 284). — (poyras). Alex.
(Such. D. p. 152). Daur. 102. Prise
de Dam. 772. Calend. (Such. D. p. 108).
— (poyrem). Brev. 18076. Frbr. 2355;
2359; 3345. — (poyretz). Anon. (B.
D. p. 78). Frbr. 4494. — (poyran).
Brev. 17937. Frbr. 3108. Brief. Joh.
(Such. D.' 369). — (poyria). Alex.
(Such. D. p. 128). Hon. 159,36. —
(poyrius). Enimie (B. D. p. 225).
Frbr. 1093. — (poyria). Peire Rog.
(App. p. 63). Brev. 2395. Hon. 26,45.
Prise de Dam. 739. — (poyrian).
E. Nic. (Such. D. p. 397). Brief
Joh. (Such. D. p. 381). — (porai).
Agn. 4. Kindh. Jes. (B. D. p. 296). —
(poras). Guill. de Cerv. (B. Ch². 303).
— (pora). Serv. (Such. D. p. 256). —
(porem). Kindh. Jes. (B. D. p. 292). —
(poretz). Guill. de Berg. 11. Serv.
(Such. D. p. 259). — (poriam). Brev.
2010. — (porras). Brev. 23069. Ross.

101. — (porra). Crois. 675. Daur. 377.
— (porretz). Lud. S. Jac. (B. Ch². 406).
— (puiras). G. de Nav. 40. — (pui-
rem). das. 2199. — (puiran). Rom.
de Jauf. (B. Ch². 250). — (puiria).
G. de Nav. 382. 1818. — (puirian).
das. 756. — Endlich: (puyra). G. de
Nav. 2166. 4134. — (puyrem). das.
4677. — (puyretz). das. 4691. — (puy-
rian). das. 3236.

saber (sabrai). Guir. de Born. 34.
G. Riq. (M. W. 4,132). Guio. Folq.
(Such. D. p. 275). Peire d'Alv. 23.
Frbr. 3666. Daur. 1670. — (sabras).
B. de B. 18. Mönch 11. Ponz de
Capd. 25. Brev. 22961. — (sabra*).
Pistol. 4. Agn. 822. Daur. 677. Frbr.
3259. Serm. lim. 116,27. — (sabrem)_
B. de B. (Stim. p. 152). Crois. 5348. —
(sabretz). Guir. Riq. (M. W. 4,130).
Brev. 24922. Daur. 260. G. de Nav.
2095. — (sabran). Guir. de Born. 46.
Troub. de Béz. (Az. p. 58). Agn. 806).
Daur. 97. Frbr. 4759. G. de Nav. 238.
— (sabria). Bonif. Calv. 8. Caden. 7.
Guir. d'Esp. 13. Agn. 1263. Brev.
18454. Charte (B.Ch².47). — (sabrias).
E. Nic. (Such. D. p. 389). D. Prad.
Vert. (Stick. p. 83). — (sabria). Bern.
Aur. 2. Bertol. Zorgi 9. Bertr. Carb.
(B. D. p. 22). Brev. 28476. — (sa-
briam). Brev. 8614. — (sabriatz). Frbr.
2105. — Daneben: (saubrai). Crois.
3339. — (saubrem). das. 5427. —
(saubretz). Brev. 30643. Crois. 5427.
G. de Nav. 1780. 2780. 3450. — (sau-
bran). Brev. 17797. G. de Nav. 4020.

seser (seira). Règle de St. Bén.
(B. Ch². 231).

---

*) Im Jaufre (Such. D. p. 306 u. 198): »Farai o! E sabera m'en grat«,
was zu sabra zu bessern ist.

tener *) (tenrai). Aim. de Bel. 17.
Guill. de Berg. 20. G. Fig. (Lévy p.76).
Agn. 514. Aig. 782. Frbr. 1657. —
(tenras). D. Prad. Vert. (Stick. p. 41).
Calend. (Such. D. p. 124). — (tenra).
Jauf. Rud. 6. Peire Card. 11. Anon.
195. Daur.707. Doctr.(Such.D.p. 249).
Charte (B. Ch².8). — (tenrem). Troub.
de Béz. (Az. p.124). Crois.4761. E. Nic.
(Such. D. p. 34). — (tenretz). Oliv.
d'Arle (B. D. p. 47). Diät. (Such. D.
p. 208). — (tenran). Guir. Riq. (M.W.
4,216). Brev. 9916. 17473. Frbr. 4632.
E. Nic. (Such. D. p. 17). — (tenrias)
Agn. 80. D. Prad. Vert. (Stick. p. 50).
— (tenria). Bern d'Aur. 4. Gauc.
Faid. 44. Lanfr.Cig. 6; Jauf. (Such. D.
p. 307). — (tenriatz). Ross. 236. —
(aptenras). Calend. (Such. D. p. 124).
— (captenrai). Daur. 1123. — (cap-
tonra). E. Nic. (Such. D. p. 72). —
(descaptenrai). B. de V. 43. (man-
tenrai). Guill. Adem. 4. Tenzo (Such.
D. p.330). — (mantenras). Hon. 99,28.
— (mantenra). Agn. 1239. — (man-
tenran). Brev. 17610. Douc. X. 35. —
(mantenria). Guir. Riq. (M.W.4,239).
— (desmantenrai). Brev. 29678. —
(retenretz). Guir. Riq. (M.W. 4,129).
Brev. 25128. Trésor 563. — (sostenra).
Brev.9815. — (sostenretz). Guir. Riq.
(M.W. 4,245). — (sostenran). B. de B.
(Stim. p. 171). — Mit euphon. d:
(tendrai **). Crois. 6618. 6623. Ross.
668. — (tendra). Crois. 3559. G. de
Nav. 675.2162. Ross.130.—(tendrem).
Crois. 2967. 3769. 4662. 4767. G. de
Nav. 1672. 3863. — (tendretz). Crois.
3766. G. de Nav. 2059. Ross. 580. —

— (tendran). Guir. de Born. 6. G. de
Nav. 2895. Ross. 581. — (tendria).
Crois. 5255. — (tendriam). Crois. 5314.
— (tendrian). Crois. 6560. Ross. 262.
— (mantendrai). Tenzo (Such. D. p.
330). — (mantendra). Crois. 775. —
(mantendria). G. de Nav. 1152. —
(retendra). Ross. 121. — (retendrem).
Crois. 6986. — (retendretz). das. 2090.
— Ferner: (tenrras). E. Nic. (Such.
D. p. 21). — (tenrran). Hon. 27,12. —
Besondere gascogn. Bildungen sind:
(tiera). Bagn. 1251 (?). — (tyera).
Auch. 1266 (?). — (tieram). Bagn. de
Big. 1260 (Luch. p. 32). — (tieran).
Bagn. de Big. 1251 (das. p. 27). —
Tarbes 1281 (das. p. 38). — (tiere
[tenria]). Carte de Big. (Luch. p. 18).
toler (tolrai)., L. Rom. I. 186, cf.
Bertrand p. 16. Charte (B. Ch². 14).
Frbr. 128. Hon. 38,10. — (tolra).
B. de H. (Stim. p. 173). Frbr. 2492.
Hon. 181,26. Ross. 118. E. J. (B. Ch².
12. 14). — (tolrem). Charte (B. Ch².
55. 57. 58). — (tolretz). Crois. 8156.
— (tolran). Brev. 17384. Charte (B.
Ch². 7). E. J. XI. 48 (Woll.). — (tol-
ria). Caden. 8. Graf v. Rod. 2. Guir.
Riq. (M.W. 4,43). Daur. 507. — Mit
euphon. d: (toldrai). Crois. 5015.
Ross. 121. — (toldra). G. de Nav. 2165.
— (toldrem). Aig. 432. G.de Nar.432.
— (toldria). Crois. 3513. — Ferner:
(tolrra). Sirventesc. (B. D. p. 125). —
(torrai). R.C.V.104, cf.Bertrand p.16.
— (toudrai). Ross. O. 1943. — (tou-
rai). das. 6716 ctc.
valer (valrai). B. de B. (Stim. p.
134). Troub. de Béz. (Az. p. 95).

*) tener vergl. Fischer p. 16.
**) Die Crois. hat häufig statt tendrai etc. tindrai etc. als charakte-
ristische Schreibweise.

Brev. 22631. — (valra). B. de B. (Stim. p. 129). Deso. (Such. D. p. 315). Peire Rog. (App. p. 63). P. Vid. (Ba. p. 13). Frbr. 1540. Ross. 226. — (valreta). Troub. de Béz. (Az. p. 95). Brev. 30646. Daur. 809. — (valran). Guir. de Born. 17. G. Riq. (M. W. 4,236). Doctr. (Such. D. p. 248). — (valria). S. Circ. 21. Don. poens. 15,2. (3. Pers.:) Aim. de Sarl. 1. Arn. Dan. 14. Caden. 25. Gauc. Faid. 44. Ric. de Berb. 9. — (valrian). Guir. Riq. (M.W. 4,218).—Brief. Joh. (Such. D. p. 381). — Mit euphonischem d: (valdra). Crois. 2966. G. de Nav. 2346. 2737. — (valdria). Crois. 3543. 5781. G. de Nav. 3221. — (valdriam). G. de Nav. 3412. — Ferner: (valrrias). L'essenh. (B. D. p. 151).

vezer s. **veire** § 70.

voler (volrai). El. Fons. 1. Guill. de la Tor. 1. Guir. Riq. (M.W. 4,85). Ponz. de Capd. 5. Aig. 1200. Frbr. 2047. — (volras). Agn. 1342. D. Prad. Vert. (Stick. p. 70). Daur. 822. E. Nic. (Such. D. p. 42). Hon. 127,11. Calend. (B. D. p. 317). — (volra). Guill. 5. Guir. de Born. 16. Serv. 15. Frbr. 4847. Hon. 39,14. Prise de Dam. 741. — (volrem). Agn. 997. Daur. 1671. Frbr. 2083. 2312. E. Nic. (Such. D. p. 52).— (volretz). Peire Rog. (App. p. 64). Raim. Vid. (B. D. p. 147). Agn. 673.

Arn. de Carc. (B. Chᵉ. 257). Daur. 25. E. J. (B. Chᵉ. 12). — (volran). Gui d'Uis. 3. Guill. IX. 3. Guir. Riq. (M.W. 4,169). Brev. 8168. Frbr. 2806. Hon. 25,40. — (volria). Blacass. 11. Caden. 14. Gauc. Faid. 55. Graf v. Rod. 2. Brev. 12966. Don. proens. 11,11. — (volrias). Agn. 68. Hon. 126,23. — (volria). Aim. de Peg. 43. A. de Sarl. 1. Blac. 6. Folq. de Mara. 21. Guill. IX. 8. Boece 117. — (volriatz). Blac. 12. — (volrian). Guir. Riq. (M. W. 4,214). E. Nic. (Such. D. p. 392). Don. proens. 14,41. — Mit euphon. d: (voldrai). Crois. 2775. 3650. Daur. 166. G. de Nav. 953. — (voldra). Cerc. 3. Guill Fig. (Lévy p. 50). Crois. 663. 908. G. de Nav. 4103. — (voldrem). G. de Nav. 1104. 2193. — (voldretz). Aig. 313. Crois. 5347. G. de Nav. 2097. — (voldran). B. de V. 37. Guill. Fiq. (Lévy p. 51). Crois. 807. G. de Nav. 4682. — (voldria). G. de Nav. 538. 971. 1822. Ross. 321. — (voldrian). Crois. 1410. G. de Nav. 3405. — Ferner: (volrria). Hon. 20,63. — Endlich gascognische Formen: (bolera). Big. 29 (?). — (volera). Oloron 1290 (Luch. p. 56).— (vorra). Castelj. 1270 (das. p. 95).— (voleran). Oloron 1290 (das. p. 58). — (vorran). L. d'or. 1259 (?). — (bolere) (volria). Cart. de Big. 4 (Luch. p. 17).

4) Die Stammconjugation tilgt, mit Ausnahme der Verben auf *ar* und *er*, den Stützvokal.

63]   a. Inf. auf *ar:*

dar (darai). Bertr. de Gordo 1. Peirol 10. Ric. de Tarasc. 2. Agn. 1084. Frbr. 1507. Ross. 261. — (daras). Benez. p. 3. D. Prad. Vert. (Stick.

p. 34). G. de Nav. 1422. — (dara). Brev. 15114. E. J. (B. Chᵉ. 11. 14). Oloron 1290 (Luch. p. 65). — (darem). Crois. 774. Frbr. 4034. E. Nic. (Such.

D. p. 29). G. de Nav. 2853. — (da-
retz). Crois. 3883. Daur. 1678. G.¬de
Nav. 2105. 4045. — (darun). B. de
B. 12. P. Card. 52. Crois. 1393. —
(daria). Guir. Riq. (M. W. 4,40).
S. Circ. 21. Brev. 7197. Frbr. 2751.

G. de Nav. 2110.—(darias). Liebesbrf.
(Such. D. p. 313). — (daria). Folq.
de Mars. 21. Guill. Aug. 5. Guir.
de Born. 66. Guir. Riq. (M.W. 4,491).
Brev. 22450. Hon. 37,20. — (darias).
Guill. de Berg. 22. G. de Nav. 4945.

64] b. Inf. auf er.

conoisser*) (conoisserai). Guir. de
Born. 34. Post. pecc. Ade (Such. D.
p. 166).— (conoissera). Calend. (Such
D. p. 123). — (conoisserem). Crois.
4756. — (conoisseretz). Brev. 8102.
E. J. (B. Ch². 10.11). — (conoisseran).
Guill. Fiq. (Lévy p. 45). E. Nic.
(Such. D. p. 73. 62). — (conoisseria).
Caden. 18. Guir. de Born. 70. Peire
Brem. 9. Brev. 27963. — (conoseria).
Don. proens. 14,43. — (conoicheretz).
Brev. 21771. Crois. 3909. — (conoi-
cheran). Castelj. 1270 (Luch. p. 96).
creisser) (creissera). Brief Joh.
(Such. D. p. 109). — (creisserem).
Crois. 7433. — (creisseretz). Ross. 116.
— (creisseran). Troub. de Béz. (Az.
p. 41). Brev. 8183. 15 Zeich. d. j. Ger.
(Such. D. p. 159). — (creisseria).
Guir. Riq. (M.W. 4,75). Brev. 34320.
— (creisserian). Post. pecc. Ade (Such.
D. p. 188).

esser (serai***). Aim. de Sarl. 1. B. de
V. 33. Caden. 21. Gauc. Faid. 3. 11.
Guir. de Born. 39 etc. — (seras). Guir.
de Born. 10.26. Brev. 8174. G. de Nav.
923. L'essenh. (B. D. p. 123). Serv.
das. 261. — (sera). Guill. 5. Guir. de
Born. 16. Mrcbr. 18. Peire Card. 42.
Serv. 15. Frbr. 4859. — (serem).
Mönch 14. Brev. 15015. E. Nic.
(Such. D. p. 52). Frbr. 385. G. de
Nav. 2911. Hon. 21,12. — (seretz)..
Sordel 21. Brev. 8100. Frbr. 1055.
Las rasos 68,21. Serm. lim. 123,49.
— (seran). Guir. de Born. 46. G. Riq. 48.
Joan Est. 6. P. Card. 2. Crois. 88.95.
— (seria). Gauc. Faid. 55. Graf v.
Rod. 2. Guir. d'Esp. 13. ¡Peirol 15.
Frbr. 999. — (serias). G. Folq. (Such.
D. p. 277). Trés. 12,95. — (seria).
Bonif. Calv. 12. Caden. 7,14,25. Guir.
de Born. 66. Lanfr. Cig. 5. P. Card. 67.
Hon. 31,2. — (seriam). Troub. de Béz.

---

*) Zu verbessern sind: *conoira* Diez Grm. II. (?), cf. Bertrand p. 16,
ferner: *conoistria* Guir. de Born. 28.

**) *creistrai* etc. im Ross. O cf. Hentschke p. 32.

***) Für die Nebenform von lat. *ero* ist die 1. Pers. Sing. sehr selten be-
legt: (er) Noël (B. Ch². 17,16); Ross. O (cf. Hentschke p. 32ff.); ebenso die
2. Pers. Sing.: (era) Ross. O 7763. 8172. Die 3. Pers. Sing. (er) ist sehr
häufig: B. de B. (Stim. p. 151); Guill. Anel. (Gir. p. 34); G. Fiq. (Lévy
p. 74); Guir. Riq. (M.W. 4,51); P. de Mars. (Lévy p. 24); P. Pog. (App.
p. 52); Brev. 16189; Crois. 8150; Daur. 74; Frbr. 92; Las rasos p. 89 etc.
— Daneben: (ert). Aig. 1244; Ross. O 180; das. 526. — (iert). Frbr. 3330;
Ross. L z. 2329. — er (3. Pers. Sing. Fut.) hat stets offenes *e*; cf. Wiech-
mann p. 21. — *iermes* für die 1. Pers. Plur. ist nur einmal belegt: Aig. 954.
— Wegen der übrigen Bildungen vergl. Hentschke p. 32ff.

(Az. p. 14). Crois. 5845. Frbr. 3458. G. de Nav. 2902. — (seriatz). (serias). Ross. 168. Brief Joh. (Such. D. p. 342. Don. proens. 18,10. — (serian). Douc. V. 7. G. de Nav. 2332. 2857. — *Andere Schreibweisen sind*: (cera). E. Nic. (Such. D. 68). — (cerem). Daur. 579. — (ceran). Crois. 60. E. Nic. (Such. D. 33.73). — (ceria). Ross. 113. — (marem). G. de Nav. 3868. — (marets). das. 1808. — (sarnn). Brev. 17844. G. de Nav. 3090. — (saria). das. 4900. Serv. (Such. D. p. 260). — (sirai). Crois. 8233. — (sirem). das. 2069. 4246. 6983 etc. — (siran). das. 1571. Préc. rel. 145,40.

fenher (fenherai). Leys I. 110 (Bertrand p. 15). — (fenheran). Brev. 31325.

iraisser (iraisseria). Aim. de Beg. 43. Brev. 29531.

naisser (naissera). Brev. 12083. 12216. Calend. (B. D. p. 316). E. Nic. (Such. D. p. 68). — (naisseran). Post. peco. Ade. (Such. D. p. 176). — (naisseria). Guir. Folq. (Such. D. p. 277). Hon. 157,37. E. Nic. (Such. D.

p. 16). — (naicheria). E. Nic. (Such. D. p. 16).

pareisser (pareissera). Ross. 121. — (pareisseria). Hon. 19,48. — despareisseras). Douc. XV. 25. .

plagner (plagneria). Raim. de Casteln. 5. — (planheran). Prise de Dam. 782. — (planheria). Guir. d'Esp. 13. Ponz de Capd. 15. — (plaigneran). Guir. de Born. 42. — (plaigneria). Raimb. de Vaq. 16.

resorser (resorseran). Préc. rel. • 145,36.

tanher (tanheria). Aim. de Peg. 16. Arn. de Mar. 5. El. de Barj. 5. Folq. Lun. 1. Paul de Mars. 1. Peirol 26. — (tagneria). Caden. 18. Guir. de Born. 35. — (taigneria). Caden. 20. — (estenheria). Brev. 5652.

teissher (teissherai). Leys II. 62 (Bertrand p. 15).

solver (solverai). Peire de Barj. 1. — (solveran). Charte (B. Ch'. 8). — *Die Form* asolra, Hon. 158,35, *geht auf Inf.* asolvre *zurück*.

volver (volverai). S. Circ. 1.

65] c. Inf. auf *aire*.

faire (farai). Aim. de Peg. 10. Arn. d'Entrev. 12. Bern. A. de Mon. 1. B. de B. 17. El. de Barj. 12. Gauc. Faid. 2. — (faras). Bern. de Venz. 1. Folq. Rom. 10. Guir. Riq. (M. W. 4,54). Agn. 403. Ross. 101. — (fara). Arn. Dan. 17. Bertr. Carb. 33. Peire Card. 11. Boece 135. Crois. 29. Frbr. 229. — (farem). Mönch. 14. Agn. 126. Daur. 297. . Enimie (B. D. p. 258). Frbr. 2098. G. de Nav. 3850. — (faretz). Guir. Riq. (M.W.'4,200). Crois. 3873. Frbr. 1716. G. de Nav.

2090. Hon. 202,33. E. J. (B. Ch'. 12). — (faran). El. Cair. 11. Gui d'Uis. 14. Guill. de la Tor 9. Mrcbr. 24. Peire Card. 52. Boece 19. — (farin). Guir. Riq. (M.W. 4,40). Brev. 30936. Crois. 726. Frbr. 1053. Hon. 80,51. — (farin). (*3. Sing.*) Aim. de Sarl. 1. Isn. d'Entrev. 1. Lamb. de Bon. 4. Peire Brem. 10. P. Card. 27. Sordel 14. — (fariam). Crois. 2954. — (fariatz). Mrcbr. 1. Frbr. 4768. Ross. 540. — (farian). Blac. 12. Brev. 3470. Hon. 34,11. Calend. (Such. D. p. 108). —

(desfarai). G. de Nav. 1697. — (des-
fara). G. de Nav. 1867. - (desfaretz).·
Crois. 5428. G. de Nav. 1768. —
(desfaran). G. de Nav. 836. — (refu-
ran). Hon. 101,9. — *Daneben findet
sich*: (ferai). Agn.1336. Aig.764.1205.
Jauf. (Such. D. p. 108). — (feras).
G. de Nav. 4021. Serv. (Such. D. p.
261). — (fera). Guill. de Cerv. (B.
Ch*. 305). Guir. Riq. (M.W. 4,27).
Peire Card. 42. P. Rog. (App. p. 40).
Brev. 16128. G. de Nav. 3799. Jauf.
(Such. D. p. 301). Castelj. 1256
(Luch. p. 80). — (ferem). Kindh. Jes.
(B. D. p. 292).

plaire (plaira). Guill. de Cabet. 1.
G. de la Tor. (Such. D. p. 323). Guir.
Riq. (M.W. 4,240). Serv. 15. Brev.
9163. 16667. Daur. 74. Ross. 584.
Castelj. (Luch. p. 93). Pau 1260
(das. 52). — (plairia). Bern. de Pal. 12.
Bern. 4. El. de Barj. 13. Gavauda 6.
Gui d'Uis. 3. 16. Paul. de Mars.
(Lévy p. 27). Mönch 17. Anon. 194.
249. G. de Nav. 1827. 2691. 4312.

Liebesbrf. (Such. D. p. 313). Tenzo
(das. 328). — (desplairia). Mönch 17.
— *Daneben*: (plazera). Alex. (Such.
D. p. 130). Diät. (das. 206). Fla-
menca 4522. — (plazeran). Hon. 96,15.
— (plazeria). Peire Card. 6. Brev.
18640. D. Prad. Vert. (Stick. p. 180).
Douc. II. 3. Flamenca 4656. Hon.
39,31. — (placeria). D. Prad. 1. —
(plaseria). Guir. Riq. (M.W. 4,43).

traire (trairai). B. de B. (Stim.
p. 136). G. de Nav. 4268. — (trai-
ras). Brev. 8185. Trésor. (Sachs
p. 13). — (traira). Hon. 32,2. E. Nic.
(Such. D. p. 42). — (trairem). Crois.
4782. Hon. 202,35. Martyre de St. Et.
(B. Ch*. 21). Planch d'Est. (Rev. d.
l. r. II. 140). — (trairan). Guill. de
la Tor. 9. Frbr. 1978. Hon. 201,21.
— (trairia). Ross. 391. — (estrairai).
Guir. d'Esp. 14. — (retrairai). Guir.
de Born. 18. 65. Pons de Capd. 26.
Hon. 35,2. 157,24. — (rétraira).
Serv. 17. — (retrairem). Ross. 46.
129.

66] d. Inf. auf *iure (eure)*.

beure (beurai). Brev. 23046. Lud.
St. Jac. (B. Ch*. 405). — (beuras).
Frbr. 1298. — (beum). Brev. 21185.
Brief Job. (Such. D. p. 379). — (beu-
ran). Brev. 16126. 18668. E. J. IV. 13
(Woll.). — (beuria). Frbr. 1301. G. de
Nav. 550. Don. proens. 15,1.

escriure (escriurai). Hon. 98,1.
105,25. — (escriurem). Crois. 2748.

viure (viurai). Gauc. Faid. 11. 44.
Guill. de la Tor. 7. Guir. de Born. 2.
G. d'Esp. 8. Joan d'Alb. 1. Lanfr.
Cig. 25. — (viuras). Mönch 11. Peire
Rog. (App. p. 49). D. Prad. Vert.
(Stick. p. 908). — (viura). Guill. Fig.

(Lévy p. 51). Peire Rog. (App. p. 40).
Douc. XV. 6. Calend. (B. D. p. 316).
— (viurem). Guir. Riq. (M.W. 4,117).
— (viuretz). B. de B. (Stim. p. 137).
Tenzo (Such. D. p. 330). E. J. (B.
Ch*. 11). — (viuran). Doctr. (Such.
D. p. 249). Douc. X. 35. — (viuria).
Caden. 7. Gui d'Uis. 16. Guill. IX. 9.
Agn. 1149. — (vieurai). Guir. Riq.
(M.W. 4,239). Les dern. troub. XIX.
p. 116. S. Circ. 7. Agn. 955. —
Andere Schreibweise: (vioura). E. J.
VI. 52 (Woll.). — (viouran). das.
V. 25.

67] e. Inf. auf *ire* (*ir*).

auaire (auoirai). Frbr. 4414. Hon. 55,37. — (aucira). Crois. 671. Frbr. 4813. Prise de Dam. 724. — (aucirem). Crois. 4768. 6830. E. Nic. (Such. D. p. 20). — (auciretz). Frbr. 3050. 15 Zeich. d. j. Ger. (Such. D. p. 156). — (auciran). Brev. 419. 17495. Crois. 6808. Hon. 194,44. 197,22. — (auciria). Bertr. d'Alam. 23. Guill. IX. 9. Frbr.2269. — (ausirai). Agn. 26. 1324. Daur. 190. Ross. 148. — (ausiras). Ross. 101. — (ausirem). Agn. 151. Daur. 1672. — (ausiretz). Hon. 138,30. 139,28. Ross. 148. — (ausiria). Gui d'Uis. 16. — (ausiria). Peire Card. 27. — *Andere Schreibweise*: (auciourai). Frbr. 4294. — (auciraas). 4 ger. St. L (Such. D. p. 290). — (auciiran). Crois. 4768.

culhir (culhira). Crois. 5311. — (culhiran). E. J. (H. Ch°. 12). — (recullirets). E. Nic. (Such. D. p. 21).

desco(a)fire (descofirai). Ross. 578.

dire*) (dirai). Bern. Arn. de Mon. 1. H. de V. 17. Guis de Cav. 8. Guir. de Born. 19. 81. Mrcbr. 29. 31. Raimb. d'Aur. 8. — (diras). B. de B. 18. Guill. GoJi 1. Mrcbr. 25. Agn. 588. Brev. 5325. D. Prad. Vert. (Stiok. p. 339). — (dira). Serv. 15. Agn. 855. Flamenca 3848. Hon. 91,3. E. Nic. (Such. D. p. 68). E. J. II. 5

(Woll.). Marsau 1256 (Luch. p. 81). — (direm). Agn.735. G. de Nav. 4181. E. Nic. (Such. D. p. 10. 31. 32). Mart. de St. Et. (B. Ch°. 21). — (diretz). Guir. de Born. 17. G. Riq. (M. W. 4,240). G. de Nav. 1631. — (diran). Guigo 1. Guir. de Born. 6. 16. 42. 46. S. Circ. 28. Serv. 15. Brev. 1600. — (diria). *1. Sing.*: Crois. 6606. Kindh. Jes. (B. D. p. 297). — (dirias). Guir. Riq. (M.W. 4,248). Agn. 1173. — (diria). *3. Sing.*: Aim. Peg. 43. Bertol. Zorg. 9. Bertr. d'Alam. 4. Caden. 18. Peire Brem. 9. S. Circ. 26. — (dirian). Peire Vid. (Ba. p. 38). Brev. 2364. Calend. (Such. D. p. 108). — (bendirai). Brev. 11981. — (benezirae). Brev. p. 419. — (contradiran). Brev. 1599. — (esdiran). S. Circ. 28. — (maldirai). Brev. 11982. — (maldiran) Brev. p. 419. — (mesdirai). Ric. de Tarasc. 2.

duire (durra). Castelj. 1270 (Luch. p. 96). — (adurai). Arn. de Carc. (B. Ch°. 261,17). — (adurrian). Douc. 34,148; 36,150. — *Daneben*: (conduiras) Crois. 143.

escondire (escondiran). Guir. de Born. 46.

estruire (estruirai). Guir. d'Esp. 8. anar**) (irai). Guill. IX. (B. Ch°. 30). Jauf. Rud. 4. Peire Guill. 2. P. Rog. 7.

---

*) In der Crois. sind häufig Formen mit Doppel-*i*: diirai 240. 3008. 5061; diirem 3522. 4741; diiretz 3903; diiran 4930; diiria 363; auch *diiran* Prise de Dam. 804. — Ich notire ferner: *diserets* Ross. Mich. p. 34 (O. 108 hat: *paraules*; L fehlt), und das von P. Meyer Rom. IX. p. 196 angeführte *diserau* (Gourdon, coutume 1243).

*) *anar* bildet auch regelmässig *anarai* etc., *anaria* etc., welche Formen auch vielfach zu belegen sind; jedoch sind die Formen *irai* etc. gebräuchlicher. — Von Belegen für *anarai* habe ich mir notiert: *anarai* Guill. IX. 9,5; Serm. lim. 136,14; *anaras* Gar. d'Apch. 2; *anara* Brev. 2057;

Anon. 17. Agn. 26. 780. — (iras).
Guill. Godi 1. Guill. IX. 5. Guir.
de Born. 26. Mönch 11. Aig. 1148.
G. de Nav. 913. — 'ira). G. de Nav.
2851. Kindh. Jes. (B. D. p. 298). Calend.
(Such. D. p. 122). Auch 1260 (Luch.
p. 112). — (irem). Guir. Riq. (M.W.
4,241). Agn. 125. Aig. 336. Crois 4764.
Hon. 155,22. Ross. 129. — (irotz).
Tenzo (Such. D. p. 836). Brev. 21825.
Crois. 3898. Daur. 2114. Enimie (B. D.
p. 237. G. de Nav. 2099. — (iran).
Guir. de Born. 6. 46. Peire Card. 2. 6. 8.

Ponz de Capd. 8. Sim. Doria 3.
Ross. 238. — (iria). Trésor 20,507.
— (iria, 3. Sing.) Aim. de Sarl. 1.
G. de Nav. 2209. — (irian). Crois. 13.
G. de Nav. 3050. — Ferner: (yrai).
G. de Nav. 4836. — (yras). 1116.—
(yra). 1401. — (yrem). 4694. — (yretz).
4260. — (yria). 3047. — (yriam).
2815.

rire (rirai). Ross. 261. — (riretz).
Ross. 262. — (riran). Frbr. 3910. —
(riria). G. de Nav. 1617. 1850.

68] f. Inf. auf *endre* (*enre*).

atendre (atendrai). Guill. de la
Tor. 7. Guir. de Born. 68. Jauf.
Rud. 3. Joan d'Alb. 1. Anon. 42.
Charte (B. Ch⁸. 47). — (atendrem).
Ross. 123 Charte (B. Ch⁸. 56). —
(atendretz). P. de Mars. (Lévy p. 26).
— (atendran). Crois. 2019. E. Nic.
(Such. D. p. 80). — (atendria). Guir.
Riq. (M.W. 4,49).

contendre (contendrem). G. de Nav.
1101.

defendre (defendrai). Agn. 1296.
Crois. 5303. Ross. 352. — (defendra).
Serv. 15. — (defendrem). G. de Nav.
2436. — (defendretz). Arn. de Carc.
(B. Ch⁸. 258). G. de Nav. 2060. —
(defendram). Crois. 60. — (defendria).
Hon. 88,16. — (defendrian). G. de
Nav. 2061. — *Ferner die besondere*
Form defenere *für* defendria Bagn.
de Big. 1260 (Luch. p. 34).

dichendre *etc.* (dichendrai). Frbr.
1392. — (deissendra). Sibyll. (Such.
D. p. 466). — (deycendran). Hon.

203,39. — (dessendra). Prise de Dam.
722. 765. — (discendras). Diät. (Such.
D. p. 204). — (discendran). 15 Zeich.
d. j. Ger. (Such. D. p. 164). — (dis-
sendrai). Guir. Riq. (M.W. 4,86). —
(dissendra). Brev. 16144. Ross. 113.
— (dissendran). 15 Zeich. d. j. Ger.
(Such. D. p. 171).

entendre (entendrai). Guir. Riq.
(M.W. 4,85). — (entendra). das. 4,162.
Serv. 15. Brev. 16120. — (entendretz).
D. Prad. Vert. (Stick. p. 103). —
(entendran). Guir. Riq. (M.W. 4,210).
— (entendriu). (das. 4,178).

estendre (estendrai). E. J. XIII. 26
(Woll.). — (estendras). (das. XXI. 18).

fendre (fendra). E. Nic. (Such. D.
p. 79).

offendre (offendra). E. J. XL 9
(Woll.).

pendre (pendrai). Agn. 750. Frbr.
914.

penre*) (pendrem). Crois. 2960.
4784. 6111. — (pendr'a). Elucid. (B.

---

anarem Hon. 206,59; *anaretz* Guir. Riq. (M.W. 4,250); *anaran* B. de B. 227,35;
Hon. 64,10; *anarias* (*-atz*) Lud. St. Jac. (C. Ch⁸. 411,1).

*) *prendre* im Ross. O cf. Hentschke p. 32 ff.

Ch². 366). — (penrai). Guill. de la Tor 2. Guir. Riq. (M.W.4,2.9). Peire Vid. (Ba. p. 69). Troub. de Béz. (Az. p. 38). Frbr. 3205. — (penras). Agn. 404. D. Prad. Vert. (Stick. p. 57). E. Nic. (Such. D. p. 60). — (penra). Serv. 15. Aig. 1235. Daur. 1876. Frbr. 217. Ross. 56. — (penrem). Troub. de Béz. (Az. p. 124). Frbr. 4292. Ross. 78. — (penretz). Crois. 3887. Frbr. 2547. Ross. 597. — (penran). Guill. IX. (B. Ch². 31). Brev. 2611. 1730f. Doctr. (Such. D. p. 248). E. Nic. (das. p. 79). — (penria). S. Circ. 26. Liebesbrf. (Such. D. p. 311). — (penrias). Ross. Mich. p. 44. — (penria). Frbr. 4834. Douc. V. 7; XI. 8. Calend. (Such. D. p. 122). — (prendrai). Gauc. Faid. 11. Danr. 1528. G. de Nav. 1215. — (prendra). Daur. 681.1861. – (prendrem). G. de Nav. 5066. — (prendretz). Crois.3896. G. de Nav. 4691. Lud. S. Jac. (B. Ch². 407). — (prendran). Crois. 1399. — (prenrai). Blac. 12. Gauc. Faid. 11. — (apenra). Jauf. Rud. 3. — (perpenras). D. Prad. Vert. (Stick. p. 80). — (perpenretz). Ross. Mich. 195. — (repenra). E. J. XVI. 8 (Woll.). — (repenria). Guir. Riq. (M.W. 4,232). *Ferner*: (penrra) Hon. 180,34 *und*

(penrria) das. 185,35; — *endlich die gascogn. Formen:* (prenera). Oloron 1290 (Luch. p. 67). — (preneram). Tarbes 1285 (Luch. p. 40). — (preneran). Tarbes 1288 (Luch. p. 41). **redre*)** (redrai). Brev. 19374. Charte (B. Ch². 46). Psalm (B. D. p. 75). — (redra). Boece 57. Brev. 10335. Gabarret 1268 (Luch. p. 87). — (redrem). G. de Nav.. 2369. Ross. 457. — (redretz). Ross. 70. - (redran). Frbr. 3258. — (redria). das. 8444. — (rendrai). Guir. de Born. 48. Anon. 53. Frbr. 1620. Hon. 128,45. — (rendras). Hon. 63,18. — (rendra). Alex. (Such. D. p. 144). — (rendrem). Frbr. 4423. E. Nic. (Such. D. p. 32). Charte (B. Ch². 56). — (rendran). Brev. 16122. Crois. 125. Sibyll. (Such. D. p. 464). — (rendria). Peirol 2. — (rendria, *3. Sing.*) Caden. 7. Ugnet 1. Brev. 9578. Frbr. 4830. Hon. 48,30. **vendre** (vendrai). Hon. 174,19. Ross. 357. — (vendra). Prise de Dam. 725. 750. — (vendran). Brev. 17972. 18232. — (revendran). Brev. 17902. — *Ferner*: (beneran). Bagn. de Big. 1251 (Luch. p. 23 *v. Inf.* bener.

69]   g. Inf. auf *ondre (undre).*

fundre (fundra). Ross. 97. — (confondretz). Crois. 4329. — (confundrai). Ross. 619. — (confundra). Ross. 216. — (confundria). Agn. 1156. — (confundrian). Douc. X. 36.

jondre (jondrai). Daur. 1741.

esponre (esponrai). Peire Brem. 1.

respondre (respondre). Blac. 12. Brev. 1401. 30938. — (respondretz). Aim. de Peg. 6. — (respondran). Serv. (Such. D. p. 266). — (respondria). Guir. Riq. (M. W. 4,203). — Flamenca 5219. — (respondrian). Brev. 17559.

---

*) *rendre* im Ross. O. cf. Hentschke p. 32 ff. — *arederan* Big. 1. (Luch.) steht nur im Glossar.

70]   h. Einzelne Infinitive.

ardre (ardru). E.J. (Ch'. 12). E. Nic.
(Such. D. p. 76. 81). 15 Zeich. d.
j. Ger.. (das. p. 164).
   abatre etc. (abatretz). G. de Nav.
2075. — (combatras). Frbr. 1591.
Ross. 101. — (combatra). Ross. 479.
— (combatrem). Lun. de Mont. 1.
Sirvent. (B. D. p. 126). G. de Nav.
3858. — (combatran). Prise de Dam.
775. — (combatria). Ross. 268. —
(conbatrai). Uc de Matapl. 2.
   concebre (concebras). Serm. lim.
123. 128. Deux Serm. (B. Ch⁸. 25).
— (cocebras). Brev. 11731.. 21246.
7 Freud. M. (Such. D. p. 87). —
(cossebras). Brev. 12205. — (decabra).
E. Nic. (Such. D. 69. 70. — (dece-
brem). Crois. 4777. G. d. Nav. 1102.
Charte (B. Ch'. 55). — (decebran).
Charte (B. Ch⁸. 7). — (recebrai). Guir.
de Born. 18. Agn. 612. Crois. 7857.
E. J. (B. Ch⁸. 10). — (recebra). das.
(B. Ch⁸. 14). — (recebrem). E. Nic.
(Such. D. p. 77). — (recebretz). Crois.
2091. Hon. 197,7. E. Nic. (Such.
D. p. 58). E. J. (B. Ch⁸. 14). — (re-
cebran). Folq. Lun. 1. Brev. 9848.
E. Nic. (Such. D. p. 70. 80. 390). —
Prise de Dam. 801. — (recebria).
Brev. 723.
   metre (metrai). Azal. de Porc. 1.
Raim. Jord. 7. Troub. de Béz. (Az.
p. 148. Agn. 469. Aig. 297. — (me-
tras). Hon. 100,31. Post. pecc. Ade
(Such. D. 176). — (metra). Agn. 230.
G. de Nav. 1793. Prise de Dam. 737.
A. P. R. 8,83. — (mettra). 119,30.
— (metrem). Troub. de Béz. (Az.
p. 88). Brev. 18076. Crois. 4754.
— (metretz). Crois. 5382. G. de Nav.

2070. — (metran). Peire Card. 4.
E. Nic. (Such. D. p. 79). E. J. (B.
Ch⁸. 12). — (metria). Tenzo (Such.
D. p. 328). — (metria, 3. Sg). Bertr.
de Pog. 2. Douc. X. 22. Ross. 548
Calend. (Such. p. 122). — (metriam).
Crois. 773. — (metrian). Douc. XV. 17.
— (entremetrai). G. Folq. (Such. D.
p. 275). — (entremetria). Aim. de
Peg. 16. — (prometras). D. Prad.
Vert. (Stick. p. 34). — (prometran).
Brev. 17800. — (trametrai). Aim. de
Sarl. 1. B. de V. 17. Guill. IX. 7.
G. de Berg. 19. Guir. de Born. 18.
Raim. Mirav. 41. — (trametras). Ross.
466. — (trametra). Guill. IX. 7. G. de
Nav. 1182. Hon. 22,31. — (trame-
trem). Crois. 4774. G. de Nav. 1093.
— (trametretz). Crois. 3905. G. de
Nav. 2106. — (trametrias). Ross. 467.
— (remetretz). Brev. 25127.
   perdre (perdrai). Guir. de Born.
18. 19. 34. G. Riq. (M. W. 4,8).
Raim. Jord. 1. R. Mirav. 41. S. Circ. 7.
Noël (B. Ch⁸. 17). — (perdras). Bern.
de Venz. 1. Frbr. 922. Hon. 206,1.
— (perdra). Aig. 411. Doctr. (Such.
D. p. 249). E. J. VI. 39 (Woll.). —
(perdretz). Raim. de Durf. 1. Crois.
2091. G. de Nav. 2445. — (perdran).
Brev. 16088. Crois. 125. E. Nic.
(Such. D. p. 80). — (perdria). Guir.
de Born. 18. S. Circ. 26. Ross. 58.
— (perdrias). D. Prad. Vert. (Stick.
p. 44). — (perdria). Bertol. Zorgi 5.
Guir. Riq. (M. W. 4,81). Peire Brem. 9.
Raimb. de Vaq. 9. Douc. XI. 8.
Hon. 80,12. — (perdriam). G. de
Nav. 3220.
   roire⁸) (roiran). Agn. 846.

---

*) Bartsch führt in seiner Anm. (Agn. p. 31) dies Fut. als den ein-

rompre *etc.* (rompria). G. de Nav. 509. E. Nic. (Such. D. p. 57). — (corrompras). 4 ger. St. L. (Such. D. p. 290). — (corrompra). Brev. 17579. — (corrumpria). Brev. 4120. segre*) (segrai). Arn. Dan. 17. PeireVid.(Ba. p.45). Raimb.d'Aur.37. Brev. 28199. — (segras). E. J. XIII. 36 (Woll.). — (segra). Peirol 15. Troub. de Béz. (Aa. p. 76). E. J. VIII. 12 (Woll.). — (segretz). Guir. Riq. (M.W.4,129). — (segran). B. de B. 26. El. Cair. 18. Peire Card. 2. — (segria). Guir. Riq. (M.W. 4,133) Brev. 9312. — (persegran). E. J. XV. 20 (Woll.). querra (querrai). B. de V. 43. El. de Barj. 11. 12. Guill. IX. 7. Guir. de Born. 78. Jauf. Rud. 2. Peirol 15. Raim. Jord. 1. — (querras). Brev.22693. E.J. XL 22(Woll.). — (querra). Guill. IX. 2. Peire Rog. (App. p. 39). Jauf. (Such. D. p. 305). — (querretz). Ross. Mich. 247. E. J. (B. Ch*. 10. 12). — (querria, *1. Sing.*) Pons.de Capd.19.—(querria,*3.Sing.*). Blacass. 11. Gausb. de Poic. 3. Pons. de Capd. 2. Ric. de Barb. 3. Brev. 22449. Flamenca 3730. Hon. 119,78. —(querai). Jauf. Rud.4. Brev.26715. — (queretz). Brev. 15112. E. J. XIII. 33 (Woll.). — (queria). Hon. 12,36. — (conquerrai). Caden. 21. Guill. de la Tor. 1. Guir. Riq. (M.W.4,239). — (conquerras). Charte (B. Ch*. 17). —(conquerra). B.de B. (Stim. p.151). — (conquerrem). Daur. 319. Frbr. 1080. G. de Nav. 3862. — (conquerretz). Guill.de Berg.7.Crois.3884.

—(conquerria). Guir. Riq.(M.W.4,49). Pons. de Capd. 2. Crois. 1645. — (conqueria). Brev. 18933. Ross. 592. — (enquerretz). Brev. 21826. — (enquerria). Caden. 18. Brev. 31812.— (enquerai). Agn.926. — (enqueretz). Raim. de Durf. 1. — (enquerias). E. J. IV. 10 (Woll.). — (requerrem). Hon. 151,9. — (requerretz). E. J. (B. Ch*. 13). — (requerran). Castelj. 1270 (Luch. p. 96). creire (creirai). B. de V. 10.18.37. Gauc. Faid. 11. Gui d'Uis. 17. Guir. de Born. 29. 65. Peire Brem. 1. Peirol 10. — (creiras). 4 ger. St. I. (Such. D. p. 290). Ross. 101. — (creira). Agn. 1193. Brev. 22704. E. J. III. 35 (Woll.). — (creirem). G. de Nav. 1052. — (creiretz). Mrcbr. 20. Crois. 5392. Daur. 330. E. J. III. 12 (Woll.). — (creiran). Aim. de Peg. 37. Alb. de Sest. 16. Folq. de Mars. 8. Guir. de Born. 17. Agn. 1180. — (creiria, *1. Sing.*) Guir. Riq. (M. W. 4,494). Lanfr. Cig. 6. Kindh. Jes. (B. D. p. 301). — (creiria, *3. Sing.*) Gauc. Faid. 44. Guir. de Born. 31. Brev. 26362. Ross. 264. — (creyrai). Paul. de Mars. 2. G. de Nav. 4566. Hon. 162,27. E. Nic. (Such. D. p. 45). — (creyras). Hon. 100,1. — (creyra). Frbr. 4911. Hon. 74,24. E. Nic. (Such. D. p. 33). — (creyretz). Agn. 166. Hon. 14,20. — (creyran). E. Nic. (Such. D. p. 169). — (creyria). Hon. 121,14. E. Nic. (Such. D. p. 390). — (orerai). B. de V. (B. D. p. 139). Agn. 1335. — (recreirai). B. de V. 37. Bern. de

---

xigen Beleg vom Inf. *roser* an, fügt aber hinzu, dass man auch einen Inf. *roire* ansetzen könnte (cf. Rayn. 5,100 und Fischer p. 39).

*) Crois. 2001 findet sich die Schreibweise *sigran* für *segran*.

Prad. 3. El. de Barj. 8. Folq. de
Mars. 18. Peire Milo 9. — (recrei-
ria). Gauc. Faid. 62.
veire (veirai). Bern. Marti 4. B. de
Prad. 3. B. de V. 10. 33. Guill.
Adem. 4. G. de la Tor. 7. Jauf.
Rud. 2. — (veiras). Guir. de Born.
10. 79. Mrcbr. 25. Agn. 335. Brev.
9818. Crois. 3647. Ross. 399. —
(veira). Peire Card. (B. Ch'. 176).
P. Rog. (App. p. 63). Pistol. 5.
Serv. 15. Prise de Dam. 727. E. J.
III. 36 (Woll.). — (veirem). B. de B.
(Stim. p. 134). Guill. Fig. (Lévy
p. 39). Agn. 479. Brev. 21783.
Crois. 2746. Ross. 129. — (veiretz).
Guill. IX. (B. Ch'. 30). Guir. Riq.
(M.W. 4,160). Brev. 30641. Crois.
6850. Daur. 1059. 1322. E. J. (B.
Ch'. 14). — (veiran). B. de B. 26. 40.
Caden 23. Guill. IX. (B Ch'. 30).
Peire Brem. 14. P. Vid. (Ba. p. 69).
Brev. 16149. — (veiria). Bertol.
Zorgi 17. Guir. de Born. 18. Raimb.
de Vaq. 9. — (veiriatz). Mönch
(Phil. p. 25). G. de Nav. '3476.

Ross. Mich. p. 276. — (veirian).
Brev. 11599. — (veyrai). Guill. de
Berg. 13. Peire Rog. 9. Troub. de
Béz. (Az. p. 79). — (veyras). D. Prad.
Vert. (Stick. p. 99). L'essenh. (B. D.
p. 117). E. J. I. 23; XI. 40 (Woll.).
— (veyra). Brev. 15090. Hon. 119,75.
E. Nic. (Such. D. p. 20. 68). Pris-
de Dam. 699. — (veyrem). Troub.
de Béz. (Az. p. 34. 57). Frbr. 4068.
Hon. 201,16. E. Nic. (Such. D. p. 68).
— (veyretz). Frbr. 312. 1616. Lud.
S. Jac. (B. Ch'. 408). — (veyran).
Bereng. de Pal. 5. Guill. IX. 9.
Troub. de Béz. (Az. p. 58). Frbr. 295.
Hon. 62,66. E. Nic. (Such. D. p. 30. 69).
— (veyria). E. Nic. (Such. D. p. 28).
— (veyrian). Hon. 199,34. — (verai).
Jauf. Rud. 6. Anon. 7. — (verem).
Prière (B. Ch'. 20). — (verrai).
Daur. 51. Ross. 203. — (verras). Ross.
101. 399. — (verretz). Anon. 203. —
Endlich die gascogn. Formen: (bei-
ran). Bagn. de Big. 1260 (Luch. p. 32'.
— (bezeran). Tarbes 1285 (das. p. 38).
— (bederan). Pau 1270 (?).